복 있는 사람

오직 여호와의 율법을 즐거워하여 그 율법을 주야로 묵상하는 자로다.
저는 시냇가에 심은 나무가 시절을 좇아 과실을 맺으며 그 잎사귀가 마르지 아니함 같으니
그 행사가 다 형통하리로다. (시편 1:2-3)

기독교 윤리학의 대가인 스탠리 하우어워스가 그의 동료와 함께 성령에 대한 책을 썼다는 사실은 매우 흥미롭다. 과거 미국의 대표적인 기독교 윤리학자 라인홀드 니버는 그의 가르침에 성령론이 현저히 결여되어 있다는 비판을 받았다. 그동안 신학계에서 윤리와 성령은 긴밀하게 연합되기보다는 미묘하게 대립된 주제로 다루어져 왔다. 그래서 더욱 이 시대의 대표적인 기독교 윤리학자가 성령에 대해 어떤 견해를 가지고 있는지 궁금해진다. 하우어워스는 폭력과 불의와 거짓이 난무한 세상에서 사랑과 인내와 용기라는 하나님 나라의 급진적인 윤리를 살아 낼 수 있는 유일한 힘은 하나님의 숨인 성령이라고 힘주어 말한다. 죽어 가는 교회가 다시 살아나, 황폐한 이 땅에 생명을 불어 넣는 사명을 회복하는 길도 "오소서, 성령이시여!"라고 기도하는 것이라는 강한 도전을 던진다.

박영돈 고려신학대학원 교의학 교수

최고의 신학자 스탠리 하우어워스와 최고의 설교자 윌리엄 윌리몬은 또 하나의 강력한 메시지를 '죽어 가고 있거나 이유 없이 부산'한 이 시대의 교회에 던지고 있다. 이 책은 미국 교회를 위해 쓰였지만 한국 교회에도 매우 중요하다. 특히 삼위일체론의 시각에서 성령을 설명한 부분이 그렇다. 한국 교회의 성령론이 지나치게 경험론적이고 은사 중심적으로 치우쳐 있는 것을 감안할 때, 이 책의 출간은 매우 반가운 일이다. 성령을 사모하는 사람, 성령을 꺼리는 사람 모두에게 꼭 권하고 싶은 책이다.

김영봉 와싱톤사귐의교회 담임목사

스탠리 하우어워스와 윌리엄 윌리몬의 만남은 언제나 큰 배움의 기회와 기쁨을 선사한다. 『성령』에서 이들은 말씀이 육신이 되어 우리 가운데 거하셨듯이, 성령께서 교회 공동체와 제자도의 삶을 통해 일상에 현존하고 계심을 설득력 있고 아름답게 보여준다. 두 사람 사이의 오랜 협력과 깊은 신뢰와 기품 있는 배려는 이 책을 탄생시킨 원동력이 되었을 뿐만 아니라, 고립과 불신과 경쟁에 익숙한 현대인에게 "우정을 다져 주는 성령"을 생생히 증언하는 역할을 하고 있다.

김진혁 횃불트리니티신학대학원대학교 조직신학 교수 하나님을 아는 것이 구원의 핵심이다. 하지만 인간의 지적 능력 너머에 계신 하나님을 온전히 이해하는 것은 불가능하기에 그분을 오해하고 왜곡하며, 이것은 곧 교회의 훼손과 성도의 일탈로 이어진다. 이런 신학적·신앙적 장애의 중심에 '성령'이 있다. '성령의 세기'라고 칭할 만한 오늘날, 성령에 대한 신학적 관심과 대중적 열정이 대단하고 그 결과도 경이롭지만, 동시에 부정적 결과도 만만치 않다. 이 시대 거장인 스탠리 하우어워스와 윌리엄 윌리몬은 성령을 삼위일체 안에서 이해해야 한다고, 또 성령의 임재 속에서만 교회가 존재한다고, 그리고 오직 성령 안에서만 구별된 성도로서 종말의 희망을 살아 낼 수 있다고 말한다. 성령론의 핵심을 이토록 정교하고 감동적이며 탁월하게 서술한 역량에 탄복하며, 성령을 사모하는 모든 이들에게 일독을 권한다.

배덕만 기독연구원 느헤미야 연구원

교회가 길을 잃고 세상과 타협하여, 혼란에 빠진 이 시대만큼 신실한 가르침이 필요한 때도 없다. 신뢰할 수 있는 두 분의 스승이 성령에 관해 쓴 이 책은 교회에게 성령에 관한 가르침이 얼마나 중요한지를 확실하게 보여준다. 그리고 새롭게 배우고 뉘우치며, 선교적인 동력을 회복하라고 요청한다.

월터 브루그만 『예언자적 상상력』 저자

참으로 오랜 세월 동안 많은 그리스도인들이 성령을 무시해 왔으며, 심지어는 거리끼는 존재로 여겨 왔다. 하우어워스와 윌리몬은 그런 사람들에게 위로자이신 보혜사를 새롭게 발견하라고, 그래서 그리스도의 교회와 세상을 새롭게 하는 길로 나아가라고 외친다. 성령을 잃어버린 현대 그리스도인들을 치유하는 데 꼭 필요하고도 유익한 책이다.

로저 올슨 『오두막에서 만난 하나님』 저자

이제껏 성령은 삼위일체 안에서 하찮은 위치에 있는 것으로 대접받아 왔다. 신실하게 그리스도를 따르는 두 사람이 지은 이 책은 하나님의 영에 대한 전통적인 가르침이 얼마나 중요하고 강한 힘을 지니고 있는지 깨닫게 해준다는 점에서 참 소중하다.

토니 존스 「하나님이 예수를 죽였는가?」 저자

오랜 세월을 친구로 지내며 예수의 제자로 살아온 두 신학자가 글을 쓰고자 머리를 맞댈 때, 강하게 몰아치는 바람 소리가 울려 나오고 거룩한 불길의 열기가 솟구치며, 책 위에서 타들어 가는 다이너마이트의 심지를 보게 되는 것은 당연하겠다. 이 책은 성령으로 기름부음받은 종들이 당신을 먹이고자 하늘에서 내리는 양식을 글로 담아낸 것이다. 집어 들어 먹고서, 그리스도의 영으로 충만하게 되길 바란다!

루크 A. 포어리 듀크 신학교 교목실장

성령론을 흥미롭고 이해하기 쉽게 개괄하는 이 책에서 두 저자는 힘을 합쳐 풍성한 논의를 펼친다. 이들은 광범위하고 핵심적인 교리적 지식(두 개의 역사적인 신조에서부터 웨슬리 유산, 현대 오순절 운동에 이르기까지)을 하나로 모아 다듬는다. 한편으로는 통찰력을 발휘하여 예전(禮典)에 적용하기도 하고 새롭게 성경을 주해하며, 기억할 만한 증거들을 살피고 목회의 측면도 열정적으로 강조한다. 이 모든 논의를 이끌어 가는 힘은 두 저자가 함께 드리는 "오소서, 성령이시여"라는 기도다.

리키 D. 무어 리 대학교 종교학부 부학장

성령

The Holy Spirit

Stanley Hauerwas · William H. Willimon

성령

스탠리 하우어워스 · 윌리엄 윌리몬 지음 | 김기철 옮김

성령

2017년 2월 17일 초판 1쇄 인쇄
2017년 2월 23일 초판 1쇄 발행

지은이 스탠리 하우어워스, 윌리엄 윌리몬
옮긴이 김기철
펴낸이 박종현

도서출판 복 있는 사람
주소 서울특별시 마포구 연남동 246-21(성미산로23길 26-6)
전화 02-723-7183, 7734(영업·마케팅)
팩스 02-723-7184
이메일 blesspjh@hanmail.net
등록 1998년 1월 19일 제1-2280호

ISBN 978-89-6360-215-8 03230
이 도서의 국립중앙도서관 출판예정도서목록(CIP)은
서지정보유통지원시스템 홈페이지(http://seoji.nl.go.kr)와 국가자료공동목록시스템
(http://www.nl.go.kr/kolisent)에서 이용하실 수 있습니다. (CIP 제어번호 : 2017002973)

The Holy Spirit
by Stanley Hauerwas & William H. Willimon

성령께서 친히 이루 다 말할 수 없는 탄식으로
우리를 대신하여 간구하여 주십니다(롬 8:26)

일러두기

1. 이 책에 인용된 성경 구절은 '새번역 성경'을 따랐다.
2. 본문 136쪽에 게재된 사도신경은 예장통합이 공식적으로 사용하는 '새 사도신경'이다.

성령이 없으면 그리스도인들은 아무것도 아니다. 역사적으로 성직 안수식의 절정에 이르러서는 "오소서, 창조주 성령이시여"*Veni Creator Spiritus* 라고 기도했다. 현명하게도 교회는 목양과 지도력과 설교가 성령의 도움 없이 외톨이로 이루어져서는 안 된다는 사실을 잘 안다. 천지창조 때 성령이 물 위를 덮었던 것처럼 교회는 성령에 의해 태어난다. 교회는 세상의 명민한 지혜와 성장 기술로 사는 것이 아니라, 언제 어디서나 매 순간 성령의 선물에 온전히 의지해서 산다. 따라서 하나님의 백성에게 성령은 그야말로 생사를 좌우하는 문제가 된다.

그리스도인은 성령의 능력 안에서 살기로 결의를 다진 사람들이다. 굴레에 얽매이지 않고 하나님을 의지하며 빈손으로 사는 사람들이요, 나보다는 다른 이에게 더 관심을 두며 그에게 다가가 책임을 다하며 사는 사람들이다.

독자들은 성령에 관해 성찰하는 이 책에서 우리가 다음과 같은 여러 주제를 거듭 언급하는 것을 보게 될 것이다. 우리가 성령에 관해 말할 때 그것은 곧 아버지와 아들과 성령이신 한분 하나님에 관해 말하는 것이다. 성령은 개인 수준의 경험을 훨씬 능가한다. 우리가 의식하든 못 하든 성령은 하나님이 삼위일체로서 어떤 분이며 또 어떤 일을 행하시는지를 보여준다. 성령은 분명 공동체적이고 관계적이며 형체로 구현되는 특성을 지닌다. 그리고 바로 그런 특성으로 인해 우리에게 교회가 존재하게 된다. 우리가 성령에 관해 말하는 것은 무엇이든 예수의 삶, 죽음, 부활과 조화를 이루어야 하며, 또 거기에 비추어 평가되어야 한다. 성령은 우리가 전쟁에 휩쓸린 세상 한가운데서도 평화를 누리고, 원수들을 친구 삼으며, 거짓 가득한 문화 속에서 진리를 말할 수 있게 해주는 선물이다. "오소서, 성령이시여"라는 말은 교회의 처음이자 마지막 기도이며, 삶과 죽음 한가운데서 우리가 붙잡는 유일한 희망이다. 성령의 선물을 받은 우리는 자기를 정당화하는 모든 시도를 내려놓고 제자도의 모험을 시작할 수 있다. 거룩함은 성령의 열매이며, 거룩함을 분별하는 확실한 시금석은 사랑이다.

"오소서, 성령이시여"라는 말은
교회의 처음이자 마지막 기도이다.

예수께서는 우리에게 담대하고 반문화적이며 수고를 아끼지 않는
삶을 살라고 명령하신다. 또한 서로 사랑하고 원수를 위해 기도하
며, 십자가를 지고 따르라고 말씀하신다. 하지만 그분은 우리가 홀
로 이런 힘겨운 과업을 수행하거나 삶과 죽음을 감당하리라고는 기
대하지 않는다. 그리스도는 우리에게 그분이 요구하는 만큼 거룩하
게 되는 데 필요한 것을 주신다. 그래서 성경을 읽고 설교하며 성찬
례를 행하거나 불의에 맞서 저항할 때마다 교회는 성령의 선물을
구하며 기도한다(성령청원기도).*Epiclesis* 우리는 성령의 선물을 힘입지
않고서는 마땅히 해야 할 기도를 할 수 없고 그리스도의 평화를 누
리지도 못하며, 살아 움직이는 그리스도의 몸이 될 수도 없음을 안
다. 기독교 신앙 안에서는 자기 힘만으로 존재하는 것을 거의 찾아
보기 힘들다.

　우리는 성령을 기리는 이 책에서 독창적으로 고안해 낸 것이 거
의 없음을 솔직히 인정하면서, 기도하는 마음으로 글을 쓴다. 25년
전 우리 두 사람은 함께 『하나님의 나그네 된 백성』*Resident Aliens: Life in*

the Christian Colony 을 저술하였다.[1] 따라서 이 책은 우리 두 친구가 성령의 인도를 따라 어떻게 지속적으로 신앙이 자라 왔는지를 보여주는 열매이다. 이 책이 공동 저술이긴 하나, 우리는 친구인 여러 성도들과 힘을 합하여 성령의 인도를 따라 교회에 관해 숙고하려고 한다. 우리는 이 책이 새로운 도전에 직면한 동료 그리스도인들과 교회에 도움이 되기를, 또한 이 책을 통해 당신과 당신의 교회가 말씀하시고 부르시며 복 주시고 헤치시는 하나님의 은혜를 발견하게 되기를 기도한다.

"오소서, 성령이시여!"

1. 삼위일체 성령에 대한 바른 사고

◆

우리가 성령에 관해 말할 때 그것은 곧 하나님에 관해 말하는 것이다. 성령론을 소개하는 책에서 이런 말로 서두를 여는 것이 낯설게 여겨질지 모르겠다. 어쨌든 이 책은 분명 그리스도인을 대상으로 그리스도인이 쓴 책이다. 다시 말하지만 기독교 역사 전반을 살피거나 구체적으로 우리 시대를 보아도, 그리스도인들은 **성령**에 관해 말하면서도 그것이 곧 **하나님**에 관해 말하는 것이라는 사실을 좀처럼 깨닫지 못한다.

하나님은 아버지와 아들이시며 또……

여론조사에 의하면 미국인 열 명 가운데 아홉은 하나님을 믿는다고 답한다. 그러나 그처럼 많은 미국인이 믿는 하나님이 과연 '성령'을 뜻하는지는 확신할 수 없다. 엄밀히 말해 그리스도인들이 성령이라

삼위일체

고 말할 때는 그저 하나님을 말하는 것이 아니라 **삼위일체**, 곧 한분이신 아버지와 아들과 성령을 말하는 것이다. 성령은 삼위일체의 셋째 위격이다. 흔히 어떤 목록, 이를테면 사도신경의 목록에서 셋째라고 할 때, 그것은 추후에 덧붙여진 생각처럼 보인다.[1]

　일반적인 생각에 따르면, 아버지는 창조하시고 아들은 구속하는 일을 하시는데 그렇다면 성령이 하는 일은 무엇인가? 성령은 흔히 하나님과 관련된 "경험"을 했다거나 "영적"인 것이라고 설명하고 싶은 모호한 느낌과 연결될 때가 많다. 그러나 인간의 경험은 하나님에 관한 사고의 출발점으로 삼기에는 다소 의심스럽다. 미국 연합 감리 교회에서는 대체로 성경과 전통, 이성, 경험을 신학 논의에서 규범적인 권위가 있는 것으로 주장한다. 존 웨슬리John Wesley가 경험을 신학 성찰의 원천으로 삼을 만큼 굉장히 중요하게 여겼다고 주장하는 사람들도 있다. 그러나 주관적인 경험은 결코 성령에 관한 사고의 출발점이 될 수 없다. 그런 생각은 성령에 관해 성경이 가르치는 것을 부정하고 기독교 교리를 부적절하게 퇴보시키는 결과를 낳는다. 그래서 한 번 더 말하는데, 성령을 믿는 것은 곧 하나님을 믿는 것이다. **성령을 경험했다는 것은 우리 자신을 넘어서는 다른 무엇인가를 경험했다는 것이다.**

우리가 성령에 관해 말할 때
그것은 곧 하나님에 관해 말하는 것이다.

아들과 성령의 지위에 관한 문제는 니케아 공의회(325년)에서 다루어진 주제이다. 콘스탄티누스^{Constantinus}는 제국의 일치를 확보하기 위해 교회 주교들에게 하나님을 이해하는 최상의 방법에 대해 합의를 끌어내라고 요구했다. 그렇게 제국의 대리인이 된 주교들은 모든 사람이 동일한 하나님을 예배한다는 견해를 확고히 다졌다. 만약 실재하는 것이 무엇이냐에 대해, 다시 말해 하나님이 어떤 분이냐에 관해 의견 일치를 이루지 못했다면, 로마 황제는 제국을 하나로 결속하기 위해 어떤 일을 했을까?

니케아 공의회는 커다란 문제에 직면했다. 아리우스^{Arius} 추종자로 알려진 많은 그리스도인들이 아버지의 유일성과 초월성을 강조했던 것이다. 아리우스파 사람들은 하나님처럼 특별한 분은 없으며 따라서 아들과 성령은 아버지와 동일한 "본질"을 지니지 않는다고 주장했다. 아들과 성령은 분명 존재하지 않은 때가 있었다는 것이다. 달리 말해 그들은 아들과 성령이 종속적인 위치에 있으며, 나중에서야 창조자의 피조물로 존재하게 되었다고 믿었다. 그들은 삼위일체의 모든 위격이 동등하다고 생각하지 않았다. 그들에게는 아들과 성령이 하나님이긴 하나 완전한 하나님은 아니었다.

아리우스파 사람들은 이러한 신관을 주장했던 까닭에 왜 그리스도인들이 처음부터 예수에게 기도와 예배를 드렸는지를 설명하는 데서 어려움을 겪을 수밖에 없었다. 첫 순교자인 스데반은 죽어 가면서 예수께 기도했는데, 하나님은 오직 한분뿐이시며 그에게만 예배해야 한다고 믿었던 신실한 유대인에게 이 일은 참으로 놀랄 만한 일이었다(행 7장). 그리스도인들이 예수께 기도했다면 그가 하나님이라는 것은 부인할 수 없는 사실이었다. 그래서 삼위일체를 둘러싼 초기의 논쟁은 예수의 지위에 관한 다툼이었다. 예수를 완전한 하나님인 **동시에** 완전한 인간이라고 보았다면 예수와 아버지의 관계에 대해 당연히 해명할 필요가 있었다. 이러한 근본적인 도전에 교회가 응답하고 나선 일이 니케아 공의회였다. 니케아 공의회에서 아리우스의 견해(예수가 하나님이라고 하더라도, 그를 이차적이고 종속적인 존재로 보는 견해)는 거부되었다. 예수는 아버지와 "동일 본질"을 지니며 따라서 삼위일체의 둘째 위격으로서 당연히 기도의 대상이 된다고 선포되었다.

니케아 공의회는 신약성경의 증언을 공정하게 다루어야 했던 까닭에 그리스도에 대한 기독교의 견해를 복잡하게 만들 수밖에 없었다. 그리스도는 완전한 인간인 동시에 완전한 신이고, 완전한 신인 동시에 완전한 인간이다. 사도신경을 고백할 때 "나는 전능하신 하나님, 천지의 창조주를 믿습니다"라고 말하는 것으로 하나님에 관해 언급해야 할 것을 모두 말한 것이라고 생각하는 사람이 있을 수 있다. 어쨌든 미국인 가운데 열에 아홉은 하나님이라면 창조자 하나님을 가리키는 것이라고 생각한다. 그러나 사도신경을 통해 우리는 계속해서 "[또] 예수 그리스도를 믿습니다", "[또] 성령을 믿으며"라고 고백한다. 이단들은 대부분 하나님에 대한 믿음을 단순화하려고 애쓴다. 반면 정통 기독교 신학에서는 하나님에 관한 사고를 복잡하게 유지하였는데, 삼위일체이신 한분 하나님을 충실하게 논하는 데 필요했기 때문이다.

니케아 공의회에서는 예수를 삼위일체의 둘째 위격으로, 성령을 셋째 위격으로 확정지었다. 그런데 터너^{H. E. W. Turner}의 주장에 따르면, 니케아 공의회에서 그리스도인들이 믿는 하나님이 어떻게 하나이면서 동시에 셋일 수 있느냐는 문제에 답할 수 있는 기둥을 세우고 나서, "성령론을 다듬어 교리적인 '추가 조항'으로 덧대는 작업이 뒤따르게 되었다."[2] 터너의 주장은 니케아 공의회 이후에 주로 그리스도론과 관련해 이루어진 여러 가지 논의의 발전에서 확인할 수 있다. 다시 말해 논의의 핵심은 예수가 어떻게 완전한 하나님이면서 완전한 인간일 수 있는지를 이해하는 것에 있었다. 나중에 개최되어 예수를 완전한 하나님인 동시에 완전한 인간이라고 확증했던 칼케돈 공의회(451년)에서는 주로 그리스도에 관한 논쟁이 벌어졌다.

이처럼 기독교 신학에서 그리스도론이 확고한 중심을 차지했던 탓에 어떤 사람들은 니케아 공의회 때문에 **서방 기독교 신학에서 성령이 형편없는 대접을 받았다**고 주장했다. 대체로 서방 전통의 출발점이라고 여겨지는 아우구스티누스^{Augustinus}는 삼위일체의 각 위격이 지닌 독특한 역할을 구분하기 어려울 정도로 세 위격의 일치를 강조했다고 한다. 서방 신학자들은 성령이 그리스도인의 삶에서 일정한 역할을 한다는 점은 부인하지 않았지만, 아버지께 순종했던 아들의 사역을 크게 강조한 반면에 아버지와 아들과 함께 있고 함께 일하는 성령에 관해서는 별 관심을 기울이지 않았다.

> 서방 기독교 신학에서
> 성령은 형편없는 대접을 받았다.

최근에 발전한 신학, 그중에서도 특히 칼 바르트^{Karl Barth} 신학의 영향을 받아 서방 교회는 삼위일체의 중요성을 다시 인식하게 되었다. 이렇게 삼위일체의 중요성을 되찾게 되면서 니케아 공의회 때 드러났던 문제와 상당히 유사한 난점이 등장했다. 다시 시작한 삼위일체 논의도 그리스도에게 집중되자, 어떤 학자들은 "아들은 제대로 할 수 없으나 성령이라면 잘할 수 있는 것은 없는가?"라고 물었다.[3] 예를 들어 유진 로저스^{Eugene Rogers}는 니케아 신조에 대해 논하면서, 둘째 조항의 아들에 관한 이야기는 그 뒤를 잇는, 되는 대로 모아 놓은 목록처럼 보이는 성령에 대한 고백에 비해 우리의 관심을 훨씬 더 강하게 사로잡는다고 주장한다.

둘째 조항에서는 예수의 인격과 사역에 관한 여러 가지 놀라운 사건들을 열거한다. 또한 예수께서 하나님의 독생자이고, 창조되지 않고 태어난 분이며, 세상 만물이 그분을 통해서 창조되었다고 고백한다. 하늘로부터 와서 동정녀 마리아를 통해 인간의 몸을 입은 예수는 본디오 빌라도에 의해 십자가에 달렸고, 죽임을 당한 후 사흘 만에 부활하여 하늘로 올라가 아버지의 오른편에 앉으셨다. 게다가 장차 산 자와 죽은 자를 심판하러 다시 오실 것이다.

마리아의 예수 수태에서 중요한 역할을 맡았던 것으로 인정받는 성령이 사도신경과 니케아 신조에서는 그처럼 극적인 이야기로 묘사되지 않는다. "거룩하고 보편적인 교회"에 대한 우리의 믿음은 왜 성령에 대한 고백 바로 뒤에 오는가? 사도신경과 니케아 신조는 예수가 성령에 비해 훨씬 더 흥미로운 역사를 지녔다는 느낌을 준다. 하지만 아들에게서 성령을 떼어 놓는 것은 실수이다. 성령이 맡은 중요한 과업 가운데 하나는 아들 위에 거하는 것이다. 성령을 다루는 신학 분과인 **성령론** Pneumatology과 그리스도의 인격과 사역을 다루는 **그리스도론** Christology은 서로 밀접하게 연결되어 있다. 그렇기 때문에 어느 하나 없이 다른 것을 다루려는 시도는 성령을 지나치게 강조하거나 너무 무시하는 이단들이 번성하는 토대가 되기 쉽다.

대체로 오순절주의라고 알려진 운동이 아주 빠르게 성장해 기독교의 형태를 갖춘 것을 생각할 때, 현대 신학에서 성령이 주목받지 못하는 현상은 기이하게 보인다. 지난 한 세기 동안 은사주의 기독교는 기하급수적으로 성장하였다. 1906년 로스앤젤레스 아주사 거리의 평온한 환경에서 시작되었다고 여겨지는 이 운동은 폭발적으로 발전하여 전 세계적인 현상으로 자리 잡았으며, 그 결과 남미와 아프리카에 매우 활기 넘치는 교회들이 세워졌다.

특히 주목할 만한 사실은 성령이 가난하고 소외된 사람들과 밀접하게 연관된다는 점이다. 누가복음 4장에서 예수는 성령이 자신에게 임하여 억압당하는 자에게 복음을 전하고 간힌 자에게 자유를 전하게 하였다고 선포하는데, 이 설교가 오늘날 전 세계의 오순절 운동에서 구체화되고 있다.

성령에 의해 촉발된 은사주의 운동은 개신 교회에만 한정된 일이 아니었다. 1967년에 듀케인 대학교에서 열린 영성 수련회 동안에 많은 참석자들이 성령으로 '거듭났다.' 그 후 곧바로 이 운동은 노트르담 대학교로 전해져 수천 명이 모인 여름 집회가 열렸다. 가톨릭 교회에서 일어난 은사주의 운동은 대체로 교황과 주교들의 지지를 받았다.

그러나 개신교 쪽의 은사주의 운동은 대체로 교회로부터 다른 대접을 받았다. 사실 주류 개신교 내에서 성령이 아버지와 아들과 동등한 지위를 누리지 못한 이유 가운데 하나가 은사주의자들의 "열광주의" 때문이었다. 존 웨슬리와 감리교도에게 흔히 퍼부어진 비난이 **열광주의**(신들린 사람들)라는 말이었다.

일부 근본주의 교회에서는 영적 은사를 받았다는 주장을 성경의 권위를 파괴하고 교회의 질서를 무너뜨리는 위험한 일이라고 보고, 그렇게 주장하는 교인들을 배척한다. 주류 개신교는 이제껏 누렸던 사회적이고 정치적인 지위를 상실하고 새 신자들을 모을 수 없게 되면서 미래에 관해 염려하고 있다. 주류 개신교도들은 자신의 정체를 그리스도인이라고 밝히는 것만으로도 세속 문화에 대한 위협으로 충분하다고 생각하며, 자신들이 방언을 말하고 표적과 기사를 행하며, 기적을 믿고 성령에 취한 그리스도인으로 간주되지 않기를 간절히 바란다. 진보적인 그리스도인들은 세상에 속한 자신의 많은 친구들이 기독교가 더 이상 합리적으로 옹호될 수 없다고 생각한다는 사실을 안다.

또한 어떤 그리스도인들은 성령의 이름을 앞세워 자신들이 하나님께 사로잡힌 사람이라고 주장하면서, 이 일이 현대인의 눈에는 비합리적으로 보이는 게 당연하다고 말한다. 이러한 태도는 세상 사람들이 품은 기독교의 모순에 대한 의혹을 더욱 강화시킬 뿐이다.

주류 개신교 내에서 성령이 아버지와 아들과
동등한 지위를 누리지 못한 이유 가운데 하나는
은사주의자들의 "열광주의" 때문이었다.

윌리엄은 현장 교육을 주제로 다루는 한 세미나에서 어떤 학생이 발표한 사례 연구를 통해 다음과 같은 이야기를 알게 되었다. 어떤 교회의 여성도가 자신의 목사에게 "우리 연합 감리 교회에서는 방언에 대해 어떻게 믿나요?"라고 물었다. 목사는 확신에 차서 "아, 안 됩니다. 당신이 거기에 빠진 것은 아니겠지요?"라고 대응했다. 여자는 참석하는 성경 연구 모임에서 신령한 언어인 방언을 체험했노라고 털어놓았다. 목사는 "혹시 자매가 아직도 딸아이의 죽음 때문에 슬픔에 빠져 있는 것은 아닌가요?"라고 물었다. 그러자 여자는 "맞아요. 그런데 그것이 이 일과 무슨 관계가 있지요?"라고 물었다. "자매에겐 전문가의 도움이 필요할 것 같군요"라고 목사가 힘주어 말했다. "바로 그 때문에 제가 목사님을 찾아온 건데요"라고 여자는 말을 맺었다. 이 이야기에서 우리는 비판적인 눈으로 성령의 활동을 감시하다가 특이한 영적 은사를 주장하는 사람을 발견하면, "당신은 제정신이 아니다"라고 맞받아치는 것이 옳다고 여기는 태도를 볼 수 있다.

현대 신학에서 성령이 주목받지 못한 또 한 가지 이유는 어떤 사람들이 자신만 하나님과 특별한 관계를 맺고 있다고 주장하면서, 그 주장을 뒷받침하기 위해 성령을 이용해 왔기 때문이다. 이런 사람들은 자신의 하나님 체험이 교회와는 독립적으로 이루어지는 것처럼 행동하면서 스스로에게 기독교를 세울 자격이 있다고 여긴다. 그들은 그런 생각에 권위를 부여하기 위해 '성령'에 호소하곤 한다. 심지어 어떤 사람들은 성령을 통해 하나님과 특별한 관계를 맺었다고 주장하면서도 하나님이 삼위일체라는 사실은 생각조차 하지 않는다. "나는 성령의 은사를 받았고 너는 아니다. 그러므로 내가 믿음에서 훨씬 우월하다"라는 태도를 고집하는 은사주의 그리스도인들도 있다.

일반적으로 교회는 조직을 유연하고 활동적이고 생생하게 유지하기 위해서 오순절 계열의 은사주의 그리스도인들을 포용할 필요가 있다. 또 오순절 계열의 은사주의 그리스도인들도 구체화된 사랑의 정신을 유지하기 위해서는 그리스도의 몸인 교회 안에 속할 필요가 있다.

바로 이런 이유 때문에, **성령에 관해 바르게 사고하고 (더 중요한 일로), 성령에게 기도할 수 있기 위해서는 삼위일체에 관해 사고하는 일에서부터 시작해야 한다.** 교회의 교리들은 대부분 삼위일체론과 마찬가지로 논쟁의 산물이다. 그리스도인들은 자신이 믿는 것을 누군가 잘못 이해하는 것을 보고서야 비로소 그것이 무엇인지 파악하게 될 때가 많다. 이런 까닭에 이단이라고 불리는 사람들(예를 들어 아리우스파 사람들)이 복 있는 사람에 속한다고 말하는 것이다. 아들과 성령을 완전한 하나님이 아니라고 생각했던 그리스 도인들 때문에 우리는 우리가 예배하는 하나님이 어떻게 하나이면 서도 세 위격인가에 관해 훨씬 더 명료하게 알게 되었다.

삼위일체의 시각으로 성령을 성찰한다고 해서 성령에 관해 알 아야 할 것을 모두 밝혀낼 수 있는 것은 아니지만, 성령에 관해 알 필요가 있는 것은 모두 삼위일체를 토대로 한 믿음에 의해 다듬어 져야 한다. 성령의 사역은 모두 삼위일체의 셋째 위격으로서 행하는 것이다. 다시 말해 성령 하나님은 성부 하나님, 성자 하나님과 협력 하여 일하신다.

> 성령에 관해 바르게 사고하고
> 성령에게 기도할 수 있기 위해서는
> 삼위일체에 관해 사고하는 일에서부터
> 시작해야 한다.

우리는 삼위일체론의 도움을 받아 신조의 모든 구절이 어떻게 서로 연관되는지 이해할 수 있다. 신조는 우리가 그리스도인으로서 성령 의 감화를 받아 믿는 것이 무엇인지를 말해 준다. 사도신경이 세례

문답용 신조라는 사실에서 우리는 세례받는 사람들이 성령에 대한 믿음을 고백하는 데서 멈추는 게 아니라, 성령 속에 잠기게 된다는 것을 알 수 있다. 성령은 세례받는 사람이 고백하는 것을 확증해 준다. 사도행전(성령행전으로 불러야 한다고 말하는 사람들도 있다)을 보면, 교회가 선교 활동에서 취한 과감한 조치들이 대체로 성령 강림에 의해 촉진되고 확증되었음을 알 수 있다.

삼위일체의 위격들이 서로 밀접하게 얽혀 있다는 것은 곧 성령에 관해 말하는 것은 모두 아버지와 아들에 관해서도 말해야 한다는 것을 뜻한다. 기독교 신학에서는 모든 것이 모든 것과 연결되어 있으며, 따라서 반복이 불가피할 뿐만 아니라 필요하기도 하다. 기독교의 믿음은 우아한 거미줄 같이 섬세할 뿐만 아니라 강력하기도 하다. 한 부분을 제거하면 그물망 전체가 무너진다. 신학이란 우리를 그리스도인으로 세워 주는 다양한 이야기들 속에서 연결 고리를 찾아내려는 지속적인 노력이다. 예를 들어 삼위일체론이라는 교리는 하나님께서 교회라 불리는 백성을 세우시고, 그들을 통해 창조 세계를 돌보시는 이야기에서 우리가 어느 한 부분이라도 마음대로 빼지 못하도록 하기 위해 교회가 찾아낸 이론이다.

윌리엄이 어떤 유명한 교회 컨설턴트에게 물었다. "오늘날 설교가 재미없고, 많은 교회들이 정적이며 맥이 빠진 이유가 뭘까요?" 그러고는 그가 구조적이고 제도적인 문제점들을 죽 늘어놓을 것이라고 예상했다. 그런데 뜻밖에도 그 컨설턴트가 "삼위일체의 셋째 위격을 무시한 결과지요"라고 답하는 것을 듣고 놀랐다.

　오소서, 성령이시여!

성경에서 가르치는 성령

성경에서는 삼위일체론에 대해 명확하게 언급하고 있지 않으나, 왜 삼위일체론이 우리에게 필요한가를 이해하기 위해서는 성경에서 시작할 수밖에 없다. 성령을 체계적으로 다룬 '교리'가 성경에 나오지 않는 것은 성령이 하찮은 존재이기 때문이 아니라 성경에는 교리라든가 교의라는 것 자체가 존재하지 않기 때문이다. 하지만 일찍부터 교회는 사람들이 성경을 바르게 이해하도록 돕기 위해서 교리나 교의를 명료하게 세우는 것이 아주 중요하다는 점을 알았다.

　로버트 젠슨 Robert Jenson에 따르면, 교의란 "신앙의 확고부동한 원칙들"이다.[4] 교의는 그리스도인이 씨름해야 할 논쟁거리에 경계를 두름으로써 우리가 믿는 것을 바르게 이해할 수 있게 해준다. 교회의 교의들은 주로 성경의 해석(과 그릇된 해석)에 대한 대응의 결과이지만, 또 한편으로는 그리스도인들이 기도하고 예배하며 살아가는 방식을 납득할 수 있게 설명하려는 노력의 결실이기도 하다.

　예를 들어 우리는 하나님께서 예수 그리스도 안에서 완전한 인간이자 완전한 하나님이 되셨다는 기적에 관해 진지하고 명료하게 사고하기를 원하며, 그 때문에 성육신 교리가 존재하게 되었다. 그

다음으로 성경을 살펴봐야 하는 이유는 그리스도인들이 많은 논쟁을 거친 후에 성령을 삼위일체의 셋째 위격으로 보아야 마땅하다는 결정을 내리게 된 근거를 찾을 수 있는 곳이 성경이기 때문이다.

우리는 그리스도인들이 결정적인 창조로 믿는 것, 곧 마리아의 태에 예수가 잉태된 이야기에서부터 출발해야 한다. 성령은 한 여성을 잉태케 한 일로 기독교의 극적 사건을 시작한다. 요셉과 약혼한 마리아가 "성령으로 잉태"하였다(마 1:18). 누가복음에 보면 천사가 마리아에게 나타나 "성령이 그대에게 임하시고, 더없이 높으신 분의 능력이 그대를 감싸 줄 것이다. 그러므로 태어날 아기는 거룩한 분이요, 하나님의 아들이라고 불릴 것이다"라고 말한다(눅 1:35). 성령은 처음부터 과업을 가지고 등장한다. 그것을 수행할 때 성령은 자신에게로 관심을 끌지 않는데, 성령의 사역은 일차적으로 아버지의 아들인 예수를 가리켜 보이는 데 있기 때문이다. 천지창조 때에 성령이 물 위를 덮었던 것처럼(창 1장), 이 이야기의 처음에 성령이 창조한 열매는 예수, 곧 우리와 함께하시는 하나님이다.

예수께서 세례받으실 때 임재한 성령은 예수의 의미를 드러내 보여준다. 성령의 도움이 없으면 우리는 예수를 이해할 수 없다. 물에서 올라온 예수는 하늘이 열리고 "하나님의 영이 비둘기 같이 내려와 자기 위에 오는 것"을 보았다(마 3:16). 마가는 "하늘이 갈라지고, 성령이 비둘기 같이 자기에게 내려오는 것을 보셨다"라고 말한다(막 1:10). 누가는 성령이 예수에게 내려왔다는 사실뿐만 아니라 세례 요한이 자기는 물로 세례를 주지만 예수는 "성령과 불로" 세례를 줄 것이라고 말한 내용을 기록하고 있다(눅 3:16).

위에서 언급한 본문들은 예수와 성령의 관계가 특별함을 분명하게 보여준다. 본문에는 명료하게 드러나지 않으나, 예수가 세례를 받을 때 예수만 성령을 보았을 것이다. 이 사실은 예수와 성령의 관계가 다른 경우와는 달리 **사랑**이라고 불러 마땅한 친밀한 관계임을 말해 준다. 예수와 성령은 서로를 향한 동일한 사랑으로 하나가 되며, 아버지 역시 동일한 사랑으로 예수와 성령을 사랑한다.

따라서 복음서 서두에 나오는 이 본문들은 삼위일체론을 형성하는 기본 유형을 볼 수 있게 도와준다. 아버지와 아들과 성령은 각자 독특한 과업을 지니지만 그 과업을 수행하는 데서는 하나가 되어 일한다. 이에 대해 유진 로저스는 다음과 같이 말한다. "성령은 아버지로부터 나와서 아들 위에 임한다."[5] 이렇게 해서 "그리스도는 제대로 할 수 없으나 성령이라면 잘할 수 있는 것은 무엇인가?"라는 물음에 대한 답이 나왔다. 성령은 예수의 몸 위에 임한다. 성령은 아버지와 아들과 하나가 되어 이 일을 온전히 수행한다. 로저스가 볼 때, **성령이 예수의 몸 위에 임한다**는 것은 성령이 물질 친화적 성향, 특히 몸의 물질성에 대한 친화적 성향을 지닌다는 것을 의미한다. 기독교를 모호하고 '영적인' 경험이라고 생각하는 사람에게 성령이 몸으로 체화하려는 성향을 지닌다는 사실은 난감한 문제로 다가올 것이다.

많은 사람들이 교회에 찾아와 "제가 영적으로 더욱 성숙하길 원합니다"라고 말한다. 이에 대해 교회는 "떡을 떼고 포도주를 마시라"고 대답한다. 이 말은 성령이 몸 위로 임하는 것을 체험한 신앙에서 당연히 나올 만한 대답이다.

복음서에 나오는 성령에 대한 초기 진술에서 우리는 하나의 유형을 발견한다. 로저스에 따르면, 복음서의 이야기를 통해 예수의 정체성을 확인할 수 있듯이, 성령이 어떻게 복음서의 구성 및 정황과 상호작용하는지를 살펴서 성령의 특성을 파악할 수 있다.[6] 로저스는 예수와 성령의 불가분의 관계에 관한 주요 저술을 쓴 동방 교부 나지안주스의 그레고리우스 Gregorius of Nazianzus의 글을 인용한다. 그레고리우스는 이렇게 말한다. "그리스도가 태어나고 성령은 그의 선구자가 된다. 그리스도가 세례를 받고 성령은 증언한다. 그리스도가 유혹을 당하며 성령이 그를 인도한다. 그리스도가 기적을 행하며 성령은 그 기적에 함께한다. 그리스도는 하늘로 올라가고 성령은 그 자리를 대신한다."[7]

예수와 성령의 이런 친밀한 관계를 자명하게 보여주는 것으로 예수께서 했던 기도만 한 것이 없다. 예수께서는 제자들에게 주기도문으로 기도하는 법을 가르치신 후에, 하늘에 계신 아버지께서 "구하는 사람에게 성령을 주시지 않겠느냐"고 말씀하신다(눅 11:13). 이렇게 예수에게 허락된 선물은 변화산에서 기도할 때 분명하게 드러나고(눅 9:28-36), 감람산에서 기도할 때 훨씬 더 강력하게 나타났다(눅 22:39-46). 이 두 사건에 성령이 언급되지는 않지만 그리스도인들은 언제나 예수가 기도할 때면 성령이 임재한다고 여겼는데, 그 이유는 예수가 기도할 때마다 성령으로 영화롭게 되었기 때문이다.

로마서 8:26-27에서 바울은 다음과 같이 말한다. "성령께서도 우리의 약함을 도와주십니다. 우리는 어떻게 기도해야 할지도 알지 못하지만, 성령께서 친히 이루 다 말할 수 없는 탄식으로, 우리를 대신하여 간구하여 주십니다. 사람의 마음을 꿰뚫어 보시는 하나님께서는, 성령의 생각이 어떠한지를 아십니다. 성령께서, 하나님의 뜻을 따라, 성도를 대신하여 간구하시기 때문입니다." 이 본문으로부터 로저스는 오직 하나님만이 하나님에게 기도할 수 있다는 의미에서 "원형기도"fundamental prayer라는 개념을 끌어낸다. 그래서 우리 인간이 하나님께 기도할 때 우리는 "위격이 서로에게 기도하는 삼위일체적 행위 속에 끌려들어 간다."[8] **기도는 우리가 하나님의 생명에 참여할 수 있게 해주며, 이러한 기도를 가능하게 해주시는 분이 바로 성령이다.**

"하나님의 영으로 인도함을 받는 사람은, 누구나 다 하나님의 자녀입니다.……우리는 그 영으로 하나님을 '아빠, 아버지'라고 부릅니다. 바로 그때에 그 성령이 우리의 영과 함께, 우리가 하나님의 자녀임을 증언하십니다. 이와 같이, 성령께서도 우리의 약함을 도와주십니다.……성령께서 친히 이루 다 말할 수 없는 탄식으로, 우리를 대신하여 간구하여 주십니다"(롬 8:14-16, 26).

앞서 살펴보았듯이, 특히 서방 교회에서는 하나님을 둘로 구분해 아버지와 아들로 설명하고, 여기에 나중에 생각한 것으로 성령을 덧붙이려는 경향이 강했다. 하지만 그리스도는 성령을 통해서만 알 수 있다. 예수와 성령의 친밀한 관계, 더 나아가 성경에서 제시하는 아버지와 아들과 성령 사이의 친밀함은 언제나 교회가 해명해야 할 과제였다. 예를 들어, 동방 교회는 니케아 신조에 나오는 필리오케 filioque 라는 구절(성령은 아버지와 **또 아들**로부터 나왔다)이 아버지와 성령의 관계를 제대로 다루지 못하는 것은 아니냐고 늘 우려를 표명하였다. 동방 교회의 신학자들, 곧 그리스어를 사용하는 그리스도인들은 아들과 성령이 똑같이 아버지에게서 기원한다는 점을 강조하기 위하여 자신들이 고안해 낸 아버지의 유일 통치 monarchy 라는 개념을 옹호하였다. 이에 반해 서방 교회의 그리스도인들은 동방 교회가 주장하는 대로 삼위일체 위격 사이의 독특한 관계를 강조하는 것은 신적 위격의 일치에 문제를 일으킬 수 있다고 우려하였다.

이런 의견 차이가 있다고 해서 니케아 공의회에서 합의에 이른, **삼위일체 위격의 사역은 나뉠 수 없다**는 견해를 가볍게 여겨서는 안 된다. 아버지는 창조자이며 아들과 성령도 역시 창조자이다. 아들은 구속자이며 아버지와 성령도 구속자이다. 이와 비슷하게 성령은 아버지와 아들을 서로와 우리에게 알려 주며, 또 아버지와 아들도 자신들을 서로와 우리에게 알려 준다.

로마서 8장에서 바울이 성령께 올리는 찬양의 중심에서도 삼위일체 위격 사이의 관계가 다루어진다. 최근에 세라 코클리^{Sarah Coakley}는 니케아 공의회가 이루어 낸 놀라운 신학적 업적에도 불구하고 니케아 신조는 성령을 특권적 위치에 있는 두 위격인 아버지와 아들을 위해 일하는 종속적인 전달자로 낮추고 싶은 생각이 들게 한다고 하였다.[9]

코클리는 바울이 "우리는 그 영으로 하나님을 '아빠, 아버지'라고 부릅니다. 바로 그때에 그 성령이 우리의 영과 함께, 우리가 하나님의 자녀임을 증언하십니다"라고 선포하는 로마서 8:15-16로 관심을 이끈다. 이 본문에서는 성령이 우선권을 쥐고 있다고 코클리는 주장한다. 기도할 때 우리는 하나님께서 기도를 통해 하나님에게 응답하시는 운동 속으로 들어가게 된다.[10] 이렇게 모습을 드러내는 성령은 우리의 개인적인 경험에 근거하지 않는다. 기도는 우리 홀로 행하는 일이 아니다. 기도란 하나님의 부르심과 응답이라는 신적인 행위로서, 사람은 기도함으로써 그 속으로 끌려들어 간다.

그러므로 로마서 8장은 어떻게 성령이 우리에게 예수를 중재하는지 파악한다는 점에서 아주 중요하다. **중재**라는 말은 인간 안에서 이루어지는 성령의 사역을 설명하기에는 너무나 빈약해 보인다. 로마서 8:1-11에서 바울은 우리가 성령을 통하여 그리스도의 몸에 속하게 되었다고 말한다. 그래서 바울은 "예수를 죽은 사람들 가운데서 살리신 분의 영이 여러분 안에 살아 계시면, 그리스도를 죽은 사람들 가운데서 살리신 분께서, 여러분 안에 계신 자기의 영으로 여러분의 죽을 **몸**도 살리실 것입니다"라고 힘주어 말한다(롬 8:11).

> 기도란 하나님의 부르심과 응답이라는
> 신적인 행위이다.

성령은 예수의 몸 위에 머문다. 다음 장에서 우리는 "거룩하고 보편적이며 사도적인 교회"에 대한 믿음이 왜 삼위일체의 셋째 위격인 성령에 대한 고백 안에 포함되는 것이 타당한가에 대해 살펴볼 것이다. 교회가 그리스도의 몸이라는 말은 **성령이 그 몸 위에 강림함으로 인해 우리가 삼위일체의 삶에 참여하는 자가 된다**는 사실을 함축한다. `

우리가 성령에 대한 믿음을 고백할 때 핵심이 되는 부분이 몸의 부활에 대한 믿음이다. 기독교 신앙은 육체적이고 성육신적인 특성을 지니는 까닭에 몸보다 더 영적인 것도 없다고 믿는다. 예수의 부활은 **몸의** 부활이었다. 부활 이후에 예수께서 나타난 일을 기록한 복음서를 보면 그리스도의 몸이 문을 통과하며, 유령이나 동산지기로 오해를 당하고, 나타났다 사라지는 것으로 묘사되고 있지만 분명한 사실은 부활이 몸의 사건이라는 점이다. 계속해서 그리스도는 부활한 몸으로 제자들에게 나타나는가 하면, 그들과 교제하고 함께 먹고 마셨으며, 이 세상 속에서 공간을 차지했다. 우리 가운데 그리스도께서 현존한 일은 성령의 능력 안에서 몸을 입고 이루어진 것이다. 성경이 가르치거나 교회 안에서 경험하는 성령을 제대로 이해하려 한다면, 기독교가 성령 강림에 의해 몸을 입고 물적 특성을 지니게 된다는 점을 인정하지 않고, 본질상 하늘에 속하고 영적 특성을 지닌다고 보는 관념만큼 해로운 생각은 없다. 예수께서는 우리에게 서로 사랑하라고 가르쳤을 뿐만 아니라 서로 무릎을 꿇고 발을 씻겨 주라고 명령하셨다(요 13:14). 이 행위만큼 물질적이고 육체적이며 몸과 밀접하게 연관된 일도 없을 것이다.

보혜사

성령이 우리를 하나님의 참 생명에 참여하게 해준다는 생각은 바울 서신에서만 볼 수 있는 것이 아니다. 요한복음에서 예수는 자기가 아버지에게 돌아가지만, 아버지께 영원토록 우리와 함께할 "보혜사"^Advocate를 보내 주시도록 구하겠다고 약속했다. "보혜사"는 "진리의 영"으로, 제자들은 어렵지 않게 그를 알아볼 수 있다. "너희는 그를 안다. 그것은, 그가 너희와 함께 계시고, 또 너희 안에 계실 것이기 때문이다"(요 14:16-17). 보혜사를 보내시는 목적은 "너희에게 모든 것을 가르쳐 주실 것이며, 또 내가 너희에게 말한 모든 것을 생각나게" 하기 위해서다(요 14:26). 성령은 해야 할 독특한 사명을 지니는데, 우리로 한 몸, 곧 그리스도의 몸이 되게 하는 것이다.

이처럼 성령을 "보혜사"라고 부르는 데는 그리스도 안에서 단지 하나님께 용납되거나 의롭다 인정받는 일을 넘는 더 큰 은혜를 누리게 된다는 사실이 함축되어 있다. 보혜사는 늘 우리를 위해 간구하시며, 우리가 하는 것보다 더 힘 있게 우리를 하나님께 변호하시고, 또 하나님 앞에서 우리가 할 수 있는 것보다 더 잘 우리를 편들어 주신다. 그와 동시에 보혜사는 우리에게 하나님을 보여주시는 하나님이며, 우리로서는 생각조차 할 수 없는 방식으로 하나님을 계시하는 하나님이다.

성령이 "모든 것을 가르쳐 주실 것"이요, 예수께서 말한 "모든 것을 생각나게" 하신다는 것을 생각하면 큰 힘이 솟는다. 원래부터 그리스도인으로 태어난 사람은 없다. 우리는 신앙을 배워야 하며, 성령 안에서 하나님이 우리를 지극히 사랑하시기에 하나님을 따르는 데 필요한 것들을 다 가르쳐 주신다는 사실을 안다. 예수께서는 당신의 이름으로 놀라운 일을 행하라고 명령하지만 결코 우리 힘만으로 그 말에 순종하라고는 말씀하시지 않는다. 예수께서 알려 주는 진리는 참으로 엄청난 것이지만 잊어버리기도 쉽다. 그런 까닭에 보혜사가 생각나게 해준다. 우리가 스스로 깨우칠 수 없는 진리가 있다. 진리는 커다란 신비일 뿐만 아니라 죄에 묻혀 있는 인간으로서는 스스로 알 수가 없다. 그래서 보혜사는 진리를 가르치는 분이다.

우리가 아는 어떤 여성이 다른 사람의 악행으로 처절한 고통을 겪었다. 당연히 그 여자는 자신이 당한 불의에 대해 크게 분노했다. 그래서 그 악한을 보자마자 격한 분노로 가득한 속마음을 있는 그대로 쏟아부었다. 바로 그 순간 그 여자는 그리스도께서 원수를 용서하라고 하신 말씀이 떠올랐고 "주님, 주님께서 제게 하라고 하신 일을 제가 해보겠습니다. 그러니 주님께서 저를 도와주소서"라고 기도했다. 우리는 그 여자가 말씀을 떠올린 것이 보혜사가 하신 일이었다고 믿는다. 보혜사는 참되고 영원한 진리를 가르치는 교사이자 기억을 되살리시는 분, 달리 말해 성령이시다.

우리는 인생의 대부분을 교회의 성스러운 영역 밖에서 보낸다. 다행스럽게도 보혜사는 언제 어디서나 영원토록 우리와 함께하며, 예수께 부름받은 제자로 살도록 돕는다.

보혜사는 참되고 영원한 진리를
가르치는 교사이자 기억을 되살리시는 분,
달리 말해 성령이시다.
성령의 독특한 사명은 우리로 한 몸,
곧 그리스도의 몸이 되게 하는 것이다.

니케아 공의회에서는 하나님이 아버지와 아들과 성령이 아니었던 때가 결코 없었다는 확고한 신념을 확정지었다. 하나님이 아들이나 성령으로 우리에게 오셨다는 것은 나중에 하나님에게 덧붙인 사고가 아니다. 다시 말해 인간이 하나님의 원래 의도를 엉망으로 망가뜨린 후에 하나님이 마지못해 꺼내 들었던 제2안이 아니다. 또 아들과 성령은 하나님이 어떤 분인지를 부분적으로만 알려 주는 진리도 아니다. 교회가 역사적으로 가르쳐 왔듯이, 예수는 하나님에 관한 "온전하고 완벽하며 충분한" 계시이다.[11] 성령이 하나님에 관해 계시할 때, 그 배후에서 좀 더 완벽한 계시를 전해 주고자 준비하고 계시는 하나님은 없다. 인간의 역사 속에 나타난 예수의 출생과 삶, 죽음, 부활은 하나님이 삼위일체라는 것을 인식하게 해주는 결정적인 요소였다. 지금도 역시 그렇지만, 니케아 공의회의 교부들은 하나님이 영원부터 삼위일체였다고 주장하였다. 아버지는 예수가 잉태되고 출생하였을 때에야 아버지가 되었지만, 하나님은 인간 시대 그리고 창조 이전에도 언제나 아버지와 아들과 성령이었다. 하나님은 영원히 아버지와 아들과 성령이다. 영원부터 하나님은 우리와 함께하시기로 작정하였으며, 또 성령의 능력 안에서 우리도 하나님을 위해 살도록 정하셨다.

삼위일체의 영원성을 설명하는 방법 가운데 하나가 **내재적** 삼위일체와 **경륜적** 삼위일체를 구분하는 것이다. 내재적 삼위일체는 처음부터 끝까지 하나님이 어떤 분이신가를 다룬다. 경륜적 삼위일체는 역사 속에 나타난 삼위일체의 실제 사역과 성경이 증언하는 하나님의 행위, 곧 일하시는 하나님을 다룬다. 가톨릭 신학자인 칼 라너 Karl Rahner 는 삼위일체의 이 두 측면, 곧 하나님의 존재와 하나님의 행위를 모두 보존해야 한다고 말한다. 내재적 삼위일체는 경륜적 삼위일체이며, 경륜적 삼위일체는 내재적 삼위일체이다. 하나님은 하나님께서 행하시는 그대로이며, 하나님의 행위는 바로 하나님의 존재이다.[12]

라너는 많은 그리스도인들이 무의식중에 빠져드는 이단인 양태론 modalism 에 대응하기 위해서는 내재적 삼위일체에 대한 지식이 필요하다고 강조한다. 양태론이란 삼위일체의 세 위격이 하나님 존재의 구분된 위격이 아니라 서로 다르게 나타난 양태일 뿐이라고 주장하는 믿음 체계이다. 즉 아버지와 아들과 성령은 한분 하나님을 나타내는 여러 가지 표현이나 면모에 불과하다고 보는 믿음이다. 라너는 삼위일체의 위격이 영원한 내적 생명을 향유한다고 보는데, 이 주장에서 하나님은 당신 자신과 교제하며 이러한 교제가 삼위일체 위격 사이의 사랑을 표현한 것이라는 사실을 확인할 수 있다. 관계적이고 완전한 사랑은 하나님이 행하는 일이 무엇인지뿐만 아니라 하나님이 어떤 분이신지를 보여준다.

하나님은 창조자이자 구속자요 지키시는 분이지만, 하나님을 아버지와 아들과 성령이라고 부를 때는 창조자, 구속자, 지키시는 분을 가리키는 것이 아니다. 창조자, 구속자, 지키시는 분을 삼위일체 위격을 가리키는 말로 사용할 경우 그것은 대체로 양태론으로 기울게 된다. 하나님을 성령이라는 이름으로 부르는 것은 우리를 지켜 주는 어떤 영을 경험했기 때문이 아니다. 성령의 의미는 우리가 성령에 대해 경험하는 것을 훨씬 넘어선다. 성령은 '지키시는' 일 이상으로 더 많은 일을 하며, 성령의 정체성은 성령이 우리에게 행하는 일보다 훨씬 많은 것으로 이루어진다. 하나님을 성령이라고 부르는 까닭은 성경의 가르침에서 볼 때, 그 이름이 하나님에게 합당하기 때문이다.

오늘날 삼위일체 논의에서 가장 영향력 있는 견해 가운데 하나가 요한 지지울라스 John Zizioulas가 주장한 **교제로서의 하나님** God as communion이다. 동방 정교회 신학자인 지지울라스는 이렇게 말한다. "하나님은 관계적 존재이다. 교제라는 개념 없이는 하나님의 존재에 관해 말하는 것이 불가능하다.……교제를 제외하면 '하나님'은 참으로 존재하지 않는다."[13] 성령은 그리스도와 우리 사이의 거리를 극복하도록 도와주는 비인격적인 힘이나 보조자에 불과한 존재가 아니다. 성령은 "우리가 그리스도라고 부르는 분, 곧 절대적으로 관계적 실체인 우리 구주를 역사 속에 실재하게 해주는 삼위일체의 위격이다."[14] 하나님께서 그리스도 안에서 사랑으로 당신을 계시하거나 우리에게 오시고, 진리를 가르치며, 우리를 심판하고 구원하며, 하나님의 보좌 앞에서 우리를 변호하실 때, 이 모든 것은 온전히 아버지와 아들과 성령의 관계 안에 있는 하나님께서 하시는 일이다.

만약 우리가 이해한 것들을 모두 "하나님께서……그리스도 안에서"(고후 5:19)라는 말씀에 비추어 검토하지 않는다면 성령을 오해하게 된다. 예를 들어, 하나님의 존재를 부정하는 사람들과 마주칠 때 그들에게 하나님이 존재한다는 것을 납득시키려고 애써야 할까? 하나님을 옹호하는 논증은 대체로 그리스도인이 예배하지 않는 신의 존재를 증명하는 쪽으로 빠져든다. 그런 신은 이신론적이며 비관계적이고 사랑이 없으며 현실과 동떨어진 존재로, 삼위일체에 비해 두드러지는 점이 별로 없다. 일반적으로 이신론은 세상을 출발점으로 삼아서, "세상을 시작하게 만든 무엇이 있어야 하기에" 신은 반드시 존재한다는 믿음을 결론으로 끌어낸다. 이신론의 신은 창조를 마친 후에 창조자로서 더 이상 할 일이 없기에 뒤로 물러나 있다. 그런 '신'은 삼위일체처럼 영향을 주고받거나 깊은 관계를 이루는 일이 결코 없다.

현대 서구인들처럼 우리 두 저자도 역사를 인간이 시간 속에서 이뤄 낸 사건들로 생각하도록 배워 왔다. 이신론이 하나님을 무기력한 존재로 만들어 버렸기 때문에 이제 역사를 이끌어 가는 일은 인간의 손에 맡겨졌다. 우리 인간 외에 역사 속에서 일하는 일꾼은 없다.

그리스도인은 **하나님께서 옛날이나 지금이나 성령을 통해 역사 속에서 일하신다**는 독특하고 반문화적인 주장을 믿는다. 역사는 성경 안에서 찾아내야 하고, 성경은 니케아 공의회의 교부들이 주장한 것처럼 삼위일체의 방식으로 이해해야 한다. 또한 그리스도인은 교회가 탄생한 이후로 성령이 멈추지 않고 일하고 계시다는 것을 믿는다. 성령은 모든 시대와 장소에 현존하여 그리스도를 알려 주며, 세례를 받을 때는 성령이 시작하고 유지하는 이야기 속에 참여할 수 있게 해준다. 만일 미국 교회의 역사 대신 미국에서 이루어진 성령의 역사에 관해 말하게 된다면, 현시대를 바라보는 우리의 생각은 어떤 모습으로 변하게 될까?

성령은 모든 시대와 장소에 현존하여
그리스도를 알려 주며,
세례를 받을 때는 성령이 시작하고 유지하는
이야기 속에 참여할 수 있게 해준다.

성경을 삼위일체의 눈으로 읽는다는 말의 예시를 든다면, 창조 때에 물 위로 "바람"이 불었다는 말씀을 읽으면서, 그 "바람"을 우리가 그 이름을 알기 전부터 일했던 성령을 가리키는 것으로 이해하는 것이다. 바로 그 성령이 마리아의 태를 채운 물 위에도 임하였다. 창조하시는 성령은 이런 방식으로 계속해서 아무것도 없던 곳에서 무엇인가를 이루어 내며, 전혀 길이 없어 보이는 곳에 길을 낸다. 이러한 성령의 사역은 새 그리스도인을 세우면서 세례용 물을 놓고 감사기도를 드릴 때 선명하게 드러난다.

영원하신 아버지.
혼돈 외에 아무것도 없었을 때
주님께서 어둠 깊은 물을 감싸셨고
빛을 내셨습니다.
노아의 시대에
물 위로 방주를 띄워 사람들을 구원하셨으며
홍수가 끝난 후에 구름 속에 무지개를 두셨고
이집트에서 당신의 백성들이 노예로 지내는 것을 보시고는
그들을 바다 건너로 불러내 자유를 주셨으며
그들의 자녀를 요단강 건너로 인도하시고
약속하신 땅으로 이끄셨습니다.
때가 이르자 예수님을 보내셔서

여인의 태 속 물 가운데서 키우셨습니다.

예수님은 요한에게 세례를 받고 성령으로 기름부음을 받으셨습니다.

예수님은 제자들을 부르셔서

당신의 죽음과 부활의 세례에 동참하게 하시고

모든 민족으로 제자 삼으셨습니다.

당신의 성령을 부어 주셔서

이 물의 선물과 그것을 받는 **사람들**을 축복하시고

그들의 죄를 씻기시고

그들의 삶 평생 동안

그들을 의로움으로 옷 입히시어

그리스도와 함께 죽고 다시 살아서

그분의 최후 승리에 참여하게 하옵소서.[15]

존 웨슬리의 말처럼 세상을 창조할 수 있는 하나님만이 그리스도인을 창조할 수 있다. 세례 때 사용한 이 역사적인 '홍수기도'flood prayer 는 **구약성경의 하나님은 예수 그리스도와 성령 안에서 만나는 분과 동일한 하나님**이라는 우리 그리스도인의 신념이 반영된 것이다. 우리는 주일마다 세 개의 성경일과를 택하여 읽는데, 그때 성령이 임하여서 구약성경을 통해 이어져 온 하나님 백성의 이야기 속에 우리 자신을 이입하도록 돕는다는 것을 믿는다. 그러므로 성령은 세례용 물을 거룩하게 하며, 노아의 식구들이 방주에서 구원받았듯이

완전히 죽을 수밖에 없는 이들에게 구원에 이르는 생명을 준다. 성령은 성찬례용 빵을 성스럽게 하고, 이 빵이 우리를 위한 그리스도의 참된 현존이 되게 하며, 성례전적 모임을 열어 준다.

> 우리는 성령이 임하여서 구약성경을 통해
> 이어져 온 하나님 백성의 이야기 속에
> 우리 자신을 이입하도록 돕는 것을 믿는다.

주일을 맞아 성경을 읽고 말씀을 선포하기 전에 우리는 성령, 곧 보혜사의 도움을 구하며 기도한다. 그 누구도 혼자서는 성경을 지적으로 읽거나 신실하게 선포하고 명료하게 이해할 수가 없으며, 심지어 말씀대로 행할 수도 없다. 다행스럽게도 우리는 하나님의 말씀을 듣고 순종하려고 할 때 자신의 힘만을 의지하지 않아도 된다. 사도 바울이 "성령께서도 우리의 약함을 도와주십니다"라고 말한 바와 같다(롬 8:26). 삶을 말씀에 일치시키려고 애쓸 때 우리 곁에는 보혜사가 계신다. 그래서 말씀을 읽기 전에 이렇게 기도한다. "성령의 능력으로 마음과 정신을 여시어, 성경이 낭독되고 말씀이 선포될 때 주님께서 오늘 말씀하시는 것을 기쁨으로 듣게 하소서."[16]

그리스도께서 세례받으실 때 그 몸 위로 임하시고, 우리를 교회로 받아들여 그리스도의 몸을 세우시는 성령을 가장 멋들어지게 그려 낸 경우를 미술에서 흔히 보게 된다. 말씀을 이해할 수 있도록 돕는 것이 성령의 일이지만, 성령은 말씀만으로는 다 담아낼 수 없을 만큼 크신 분이다. 안드레이 루블료프Andrei Rublev가 그린 유명한 성화는 삼위일체를 가장 힘 있게 묘사한 그림 가운데 하나이다.

안드레이 루블료프, 「삼위일체」, 1411년경.
목판에 달걀을 이용한 템페라 화법으로 그렸다.
모스크바 국립 트레티야코프 미술관에 소장되어 있으며,
오른쪽에 있는 인물이 성령이다.

이 그림은 세 '남자'가 아브라함과 사라 부부를 방문해서, 그들이 늙었으나 아들을 얻게 되리라고 말하는 장면을 담고 있다(창 18:1-15). 루블료프의 성화는 세 방문자가 아브라함이 마련한 음식을 대접받는 것을 묘사하고 있다. 세 사람의 얼굴은 서로 비슷해 보이지만 옷

색깔은 제각각인데, 이런 차이는 루블료프가 삼위일체의 각 위격에 적합하다고 여긴 대로 색을 입힌 데서 나타난 것이다. 원본 그림을 보면 성령이 입은 옷은 푸른색이며, 이 색은 성령이 하늘과 물에 임재한다는 사실을 가리킨다.

루블료프가 눈에 띄도록 삼위일체의 세 위격을 성찬 음식이 차려진 식탁 둘레에 배치한 데서 성경 이해와 성찬 예전을 밀접하게 연결시켰다는 사실을 알 수 있다. 성찬례 거행에서 핵심을 이루는 부분은 성령의 임재를 구하는 성령청원기도로 알려진 성찬기도이다.

하나님 아버지, 우리에게 베푸신 구원을 기념하며 이 찬양과 감사의 제물을 바칩니다. 예수 그리스도의 고난과 죽음과 부활을 기리며 이 예물을 주님께 드립니다.

이 예물을 성령으로 거룩하게 하시어 주님의 백성이 아들의 몸과 피가 되게 하시며, 그분 안에 있는 새롭고 영원한 생명을 누리는 거룩한 양식이 되게 하소서. 또 우리도 거룩하게 하시어 이 거룩한 성찬을 신실하게 받게 하시며, 한마음을 이루어 굳센 의지와 평화로 주님께 봉사하게 하소서. 마지막 날에는 주의 모든 성도들과 함께 주님의 영원한 나라에 이르러 기쁨을 누리게 하소서.

이 모든 것을 아들이신 예수 그리스도의 이름으로 구합니다. 그분에 의해, 그분과 함께, 그분 안에서, 성령의 인도로 모든 영광과 영예가 전능하신 아버지, 주님께 있기를 구합니다. 지금부터 영원토록. 아멘.[17]

성령께서 그리스도의 몸과 피를 성별하고 나아가 우리도 성별하도록 구하는 이 성찬기도는 바울이 성령은 어떻게 일하시는가에 대해 이해한 것을 극적으로 펼쳐 보인다. 성령의 사역은 바울이 반어적으로 "누가 우리를 그리스도의 사랑에서 끊을 수 있겠습니까?"라고 묻는 질문에서 절정에 이른다. 바울은 이렇게 답한다. "나는 확신합니다. 죽음도, 삶도, 천사들도, 권세자들도, 현재 일도, 장래 일도, 능력도, 높음도, 깊음도, 그 밖에 어떤 피조물도, 우리를 우리 주 예수 그리스도 안에 있는 하나님의 사랑에서 끊을 수 없습니다"(롬 8:38-39).

바울은 그 어떤 것도 우리를 그리스도의 사랑에서 끊을 수 없다는 힘찬 고백을 통해 삼위일체의 관계적인 내적 생명을 증언한다. 아우구스티누스는 바울이 로마서 5:5에서 성령을 통하여 하나님의 사랑이 우리 마음에 부어졌다고 주장할 수 있는 까닭에 대해 하나님의 사랑이 삼위일체 위격 사이의 관계이기 때문이라고 말한다. 삼위일체의 위격은 서로 구별되지만 그렇다고 해서 신이 셋이라는 의미는 아니다. 세 위격은 서로를 향한 동일한 사랑 안에서 하나이다.[18] 삼위일체의 위격 사이를 잇는 사랑을 가리켜 하나님이라는 이름으로 부른다.

아버지와 아들과 성령 사이를 잇는 사랑의 관계를 영화靈化시키는 일이 있어서는 안 된다. '영화시킨다'spiritualize는 말은 우리를 위하여 기꺼이 아들을 죽음에 내어 주신 아버지의 마음에서 사랑을 박탈해 버린다는 것을 뜻한다. 앞서 언급했듯이 성령은 몸 위로 임하며, 특히 군중에게 휘둘린 관원과 종교 지도자들에게 고문당하고 십자가에서 죽은 아들의 몸 위로 임한다. 십자가에 달린 몸만큼 처절한 고통에 빠진 육체적 특성을 잘 보여주는 것도 없다.

요한복음에서 예수께서는 이렇게 말씀하신다. "의로우신 아버지, 세상은 아버지를 알지 못하였으나, 나는 아버지를 알았으며, 이 사람들도 아버지께서 나를 보내신 것을 알고 있습니다. 나는 이미 그들에게 아버지의 이름을 알렸으며, 앞으로도 알리겠습니다. 그것은, 아버지께서 나를 사랑하신 그 사랑이 그들 안에 있게 하고, 나도 그들 안에 있게 하려는 것입니다"(요 17:25-26).

성령은 십자가 위에 계신 예수를 가리켜 보이며 십자가에 달린 예수의 몸 위로 임한다. 예수를 향한 아버지와 성령의 사랑과 아버지와 성령을 향한 예수의 사랑은 십자가에서 예수를 구해 내길 포기한 사랑이다. 예수께서 우리에게 품었던 그 사랑이 그분을 십자가로 몰아갔다. 그래서 아우구스티누스는 그리스도를 사랑하기 때문에 우리는 서로 사랑할 수 있다고 힘주어 말한다. 그렇게 사랑할 수 있는 이유는 성경에서 "그리스도는 고난을 겪으시고, 사흘째 되는 날에 죽은 사람들 가운데서 살아나실 것"이라고 예언한 것이 성취되었기 때문이다(눅 24:46).

삼위일체의 사랑은 경이로운가 하면, 혹독하고 두렵기도 한 사랑이요, (그리스도의 십자가 처형에서 드러났듯이) 고난당하는 사랑이며, (그리스도의 부활에서 볼 수 있듯이) 깨뜨릴 수 없는 사랑이다. 그리스도의 교회는 하나님을 모르는 세상 한가운데서 하나님이신 사랑에 참여하는 엄청난 축복을 누린다.

성령은 십자가에 달린 예수의 몸 위로 임한다.
예수를 향한 아버지와 성령의 사랑과
아버지와 성령을 향한 예수의 사랑은
십자가에서 예수를 구해 내길 포기한 사랑이다.

앨라배마에 있는 어떤 작은 교회가 세 들어 있는 교회당을 벗어나, 자기 건물을 짓기 위해 10년 동안 저축을 해왔다. 교인 중에는 아이 네 명을 위탁받아 기르고 있는 부부가 있었다. 어느 주일 중보기도 시간에 그 부부가 일어나 지역의 사회복지과에서 그들에게 집 없는 아이 세 명을 더 맡아 달라는 요청이 있었다고 말했다. 부부는 "그 아이들을 맡을 수 있게끔 더 큰 셋집을 찾는 데" 힘이 되도록 기도해 주길 교회에게 요청했다.

그 말을 듣고 가장 나이 든 교인 중 한 사람이 불쑥 일어서더니 "그 일을 위해 기도할 필요는 없겠군요. 건축 기금을 그 부부에게 주도록 합시다"라고 말했다. 박수가 터져 나왔다. 그 교회는 건축 기금 전부를 그 가정에 주어 큰 집을 마련할 수 있게 했다. 우리는 평범한 사람들이 일어나 "오소서, 성령이시여"라고 기도할 수 있을 때 비로소 그런 기적이 일어난다고 믿는다.

성령은 하나님 나라의 일꾼이다. 하나님 나라는 흔히 교회 안에 모습을 감춘 채로 현존한다. **성령은 하나님의 극진하고 한결같은 사랑이 시간 속에서 우리에게 이르는 길이며, 삼위일체가 모습을 드러내고 우리를 십자가에 구현된 진리로 이끌어 가는 통로이다.** 우리는 하나님의 사랑을 힘입어 성령의 시대를 살며, 교회는 이러한 새 시대 안에 존재하면서, 시대는 우리 소유가 아님을 세상에 증언한다. 하나님께서는 우리를 위해 시간을 내어 개입하셨다. 그리고 이를 나타내는 징표는, 곧 세상 속에 살며 일하는 교회 위에 역사하는 성령이다.

하나님께서는 성령을 통하여 우리를 삼위일체의 생명 속으로 이끌며, 다른 방법으로는 존재할 수 없는 백성을 일으켜 세운다. 성령은 머물 수 있는 몸을 필요로 한다. 그 몸을 가리켜 교회라고 부른다. 이렇게 해서 우리는 성령과 교회의 관계를 탐구할 준비가 되었다.

획일화되고 조직적이며 따분하기 짝이 없는 교회와 이른바 초연하고 거칠 것 없는 성령을 대비시키는 사람들이 있다. 이들은 대체로 "나는 영적일 뿐이지 종교적이진 않다"라고 주장하는 경향이 있다. 안타까운 일이다. 성령은 몸 위에 임한다. 먼저 십자가에 달린 예수의 몸 위로, 그다음에는 두들겨 맞아 상처투성이인 그리스도의 몸, 곧 교회 위로 임한다.

2. 오순절 교회의 탄생

오순절이 되어서, 그들은 모두 한곳에 모여 있었다. 그 때에 갑자기 하늘에서 세찬 바람이 부는 듯한 소리가 나더니, 그들이 앉아 있는 온 집 안을 가득 채웠다. 그리고 불길이 솟아오를 때 혓바닥처럼 갈라지는 것 같은 혀들이 그들에게 나타나더니, 각 사람 위에 내려앉았다. 그들은 모두 성령으로 충만하게 되어서, 성령이 시키시는 대로, 각각 방언으로 말하기 시작하였다(행 2:1-4).

◆ ◆

오순절. **교회 모임에서** 일어난 극적인 사건! 예수를 따랐던 사람들이 한곳에 모였고, 그들은 예수께서 십자가에서 처형된 일이 자신과 그분의 관계에 어떤 결과를 낳을지 궁금하게 여겼다. 그때 하늘로부터 강력한 바람이 불어왔고 불의 혀와 같은 것이 그곳에 모인 사람들 위에 임하였다. 성령이 충만해진 그들은 모국어가 아닌 다른 언어로 말하기 시작했다. 성령의 능력에 사로잡힌 그들은 하나님의 권세 있는 행위에 대해 말했다. 바대 사람과 메대 사람과 엘람 사람과 멀리 나그네로 흩어져 사는 모든 유대 사람과 유대교로 개종한 사람과 크레타 사람과 아라비아 사람들은 새 '일'이 시작되는 것을 자신들의 언어로 들었다. 이 새 창조는 **교회**라는 이름으로 불리게 된다.

성령에 의해 태어난 교회에 선물로 다양한 언어가 허락된 것은 우연이 아니다. 바벨탑 사건 때 인간은 자신이 신처럼 되리라는 생각을 품고 하늘로 올라가려고 애썼다. 그 일을 이룰 수 있다고 생각한 것은 한 가지 언어를 사용했기 때문이다. 한 가지 언어를 사용했던 그들은 스스로 운명을 지배할 수 있다고 착각하였다. 그들은 마음이 교만해져서, 힘을 합치기만 하면 모든 일을 자신의 권세 아래에 둘 수 있을 뿐만 아니라 하늘까지도 휘어잡는 조직을 세울 수 있으리라고 생각했다.

이렇게 하나님처럼 되고자 애쓴 그들에게 언어가 서로 다르게 갈라지는 벌이 내렸다. 언어의 혼돈으로 의사소통이 불가능해진 결과 그들은 서로 낯선 사람이 되었다. 가인이 형제 아벨을 살해한 일(창 4장)에서 시작된 폭력은 바벨탑 사건에 이르러서는 세상의 새로운 표준으로 자리 잡았다. 세상은 공통된 언어 없이 많은 벽으로 에워싸인 공동체로 이루어졌다. 인간은 서로 확실한 유사점을 지녔기 때문에 언어가 여럿으로 갈라져 생겨나는 차이점들을 두려워하였다.

오순절의 평화는 다양한 언어 대신 한 언어를 확보하여 차이점을 극복함으로써 이루어지는 것이 아니다. 그와는 달리 예수의 십자가와 부활로 시작된 평화를 세상에 증언하는 다중 언어 공동체가 세워진다. 그리스도인은 낯선 분이신 그리스도의 언어를 배울 필요가 있다. 그리스도인들도 폭력 가득한 이 세상에서 역시 낯선 자이며, 평화의 백성으로 살아가야 하기 때문이다.

성령(그분에게는 언제나 놀라운 일이 풍성하다)은 특히 오순절에 창조적으로 역사하였다. 천지창조 때에 물 위로 바람이 불고 마리아의 복중에 성령이 임재했던 것처럼, 이제 성령은 '전에는 하나님의 백성이 아니'었던 이들을 하나님의 백성으로 지음으로써 그 처음 사역을 계속한다. 니콜라스 라쉬^{Nicholas Lash}가 주장했듯이, 성령 하나님에 관한 논의에서 중심을 이루는 은유는 "숨"이다. 모든 피조물에게 숨을 불어 넣어 존재하게 하는 성령이 엘리야에게는 부드럽고 조용한 음성으로 속삭이며(왕상 19:11-13), 강력한 힘으로 "우거진 숲조차 벌거숭이로" 만들고(시 29:9), 제자들에게는 숨을 불어 넣어 평화를 베푸신다(요 20:22). 간단히 말해 성령은 불고 싶은 대로 불며(요 3:8), 원치 않는 곳과 심지어 거부하는 곳까지 찾아들어 만물을 새롭게 한다.

새 백성이 된 유대인과 이방인이 함께 모여 이스라엘의 하나님을 예배하게 되리라고 그 누가 예상할 수 있었을까? 하나님의 선물, 곧 하나님께서 흙에다 생명을 불어 넣어 인간을 지은 일과 같은 선물이 아니라면 어떻게 그러한 기적이 일어날 수 있겠는가? 성령은 하나님께서 이스라엘에게 주신 약속 안에 이방인까지 들여놓으셨다. 바울은 에베소 교회에 "여러분이 전에는 하나님에게서 멀리 떨어져 있었는데, 이제는 그리스도 예수 안에서 그분의 피로 하나님께 가까워졌습니다. 그리스도는 우리의 평화이십니다. 그리스도께서는 유대 사람과 이방 사람이 양쪽으로 갈라져 있는 것을 하나로 만드신 분이십니다. 그분은 유대 사람과 이방 사람 사이를 가르는 담을 자기 몸으로 허무셔서, 원수 된 것을 없애시고"라고 말한다(엡 2:13-14). 사도행전은 성령의 인도로 교회에게 맡겨진 사명에 관한 이야기를 들려준다. 그 사명이란 언어의 혼돈으로 서로 고립되어 살아가는 우리에게 내재된 폭력이 그리스도의 십자가와 부활에 의해 극복되었음을 세상에 증언하는 모범이 되는 것이다.

오순절에 나타난 방언의 은사를 보고 일부 사람들은 성령에 사로잡힌 사람들이 술에 취해 통제 불능의 상태에 있는 것이라고 생각했다. 하지만 베드로는 그때가 겨우 "아침 아홉 시"였다는 사실을 들어 그들이 술 취한 것이 아니라고 주장하였다(행 2:15). (그때가 오후 다섯 시였다면 베드로는 뭐라고 말했을까?) 이어서 성령의 능력에 붙들린 베드로는 새 시대의 시작을 선포하는 예언자 요엘의 극적이고 묵시적인 표상을 따라 설교하였다. 그의 설교는 이스라엘의 오랜 희망이 마침내 예수 그리스도의 인격 속에서 성취되었다고 선포하는 기독교 설교의 모범으로 자리 잡게 된다. 누가복음에서 베드로에게 실망한 부분을 기억하는가? 예수께서 십자가에 달리기 전 대제사장의 집 뜰에서 베드로는 여종에 맞서는 믿음의 말을 한 마디도 할 수 없었다(눅 22:54-62). 그랬던 베드로가 이제 담대하게 선포한다. 인간적인 해명만으로는 베드로의 설교가 담대했던 이유를 설명할 수 없다. 베드로의 설교는 성령의 실재에 대한 확고한 증거이다.

사도행전은 성령의 인도로 교회에게 맡겨진
사명에 관한 이야기를 들려준다.
그 사명이란 언어의 혼돈으로 서로 고립되어
살아가는 우리에게 내재된 폭력이
그리스도의 십자가와 부활에 의해 극복되었음을
세상에 증언하는 모범이 되는 것이다.

베드로에 의하면 성령의 강림은 성령에 의해 시작된 새 시대의 도
래를 가리킨다. 옛날에는 성령이 몇몇 개인들, 곧 권위를 인정받아
하나님의 진리를 외치는 예언자들에게 부어졌다. 그러나 요엘의 예
언에 따르면 모든 사람에게 하나님의 영이 부어지는 날이 오게 된
다. 마지막 날에 성령이 흘러넘쳐서 아들딸은 예언을 하고 젊은이들
은 환상을 보고 노인들은 꿈을 꾸게 될 것이다. 종까지도 남녀를 가
리지 않고 예언을 하며, 모든 피조물이 하나님께서 만유의 주 되심
을 증언하게 될 것이다. 이제 **성령의 강림으로 인해, 전에는 절망하
여 말을 잃었던 이들까지도 만물과 함께 떨쳐 일어나 하나님의 이
름으로 크게 외치게 될 것이다.**
　새 시대가 열리고 새 백성이 세워지고 나서도, 성령의 본질적인

　　　　　　　　　　　　　　　　　　　　　　　　　오순절

사명은 여전히 동일하게 이어진다. 즉 성령은 계속해서 예수의 몸 위로 임하여 그분에 관해 증언함으로써 새 시대에 대해 증언한다. 예수께서는 아버지의 오른편에 앉아 계시면서도 오순절에 모든 사람에게 부어진 성령의 능력을 통해 우리에게 현존하신다. 성령은 늘 예수의 몸 위에 머물렀는데, 이제야 비로소 그 몸이 교회로 모습을 드러낸다. 게다가 성령의 지시에 따라 교회는 말씀과 행위로 예수를 증언하는 일을 자신의 사명으로 갖는다. 교회를 믿는다는 우리의 고백이 사도신경과 니케아 신조 모두 셋째 조항에 들어 있는 것은 우연한 일이 아니다.

오순절을 교회의 탄생일로 기념하는 것이 옳기는 하나, 성령의 사역이 오순절에 시작되었다고 생각하는 것은 잘못이다. 만일 구약 성경을 삼위일체에 대한 증언으로 읽는다면 세상의 창조에서, 예언자들의 말에서, 선물로 주신 율법 속에서, 그리고 광야에서 방황하는 하나님의 백성을 인도했던 불기둥에서도 성령을 만나게 된다. 예수께서 나사렛에서 첫 설교를 할 때(눅 4장) 의지했던 바로 그 성령은 이제 젊은이와 노인, 신분이 높은 사람과 낮은 사람 등 모든 평범한 사람들에게 부어져 하나님의 진리를 외치게 한다.

그래서 베드로는 성령의 일은 그리스도께서 한 일과 별개의 것이 결코 아니라고 힘주어 선포했다. 성령을 모신다는 것은 그리스도에 더해 '더 많은 것'을 얻는 것이 아니다. **성령을 모시는 것이 바로 그리스도를 모시는 것이다.** 성령은 그리스도를 넘어 그 이상의 일을 말할 수 있게 해주는 것이 아니라, 죄를 용서하는 권세가 있는 분(행 2:37-39)이신 그리스도에 관해 말할 수 있게 해준다. 죄 사함을 받은 사람들은 성령의 능력에 의해 더 이상 과거의 죄에 얽매여 살지 않는 자유를 누리게 된다. 게다가 성령은 그리스도께서 자리를 내어 주심이므로, 이제 우리는 더 이상 완벽하고 온전한 하나님의 진리를 기다릴 필요가 없다. 성령은 모든 진리를 알려 주신다 (요 16:13).

> 성령은 늘 예수의 몸 위에 머물렀는데
> 이제야 비로소 그 몸이 교회로 모습을 드러낸다.
> 성령의 지시에 따라 교회는 말씀과 행위로
> 예수를 증언하는 일을 사명으로 갖는다.

하나님이 삼위일체라면 당연히 그리스도와 성령의 친밀한 관계를 예상할 수 있다. 앞에서 말했듯이 **하나님**이라는 말은 아버지와 아들과 성령의 뗄 수 없는 관계를 함축한다. 클로드 웰치 Claude Welch 는 이 문제를 깔끔하게 정리해 다음과 같이 말한다. "우리는 성령 안에서 성령을 통해 예수 그리스도에게 속하게 된다. 또한 공동체로서의 삶이 예수 그리스도와 아버지의 관계에 참여하여 하나님의 가족이

오순절

되는 것이라는 점을 이해하지 않고서는, 교회와 예수 그리스도의 의존관계를 제대로 밝히는 것은 불가능하다."[2] 죄와 거짓에 물든 우리는 하나님께로 갈 수 없다. 그래서 하나님께서는 예수 그리스도 안에서 우리에게 오셔서 우리를 취하여 가까이 부르시고, 용서하시며, 나아가 아버지와 아들과 성령이 사랑 안에서 관계를 맺듯이 우리와 관계를 맺으신다. 그리스도의 참된 몸인 교회는 하나님께서 구속하고 관계 맺는 성령의 능력을 통하여 모든 사람에게 보이시는 친밀함을 가리키는 가시적 징표이다.

그리스도의 구속하고 화해하는 사역은 언제나 그분의 몫으로 이어지지만, 성령은 그와 동일한 구속하고 화해하는 사역을 교회에게 맡기신다. "이처럼 성령은 그리스도를 계시하여 우리 안에 살게 하고, 예수를 주로 고백할 수 있게 하며, 우리를 그리스도 안에서 확증한다. 또한, 새롭게 태어나 하나님 나라에 들어가게 하며, 하나님을 아버지라고 부를 수 있게 하고, 우리 마음에 그분의 사랑을 부어 준다."[3] **성령을 통해 교회는 세상을 위한 그리스도의 몸이 되어, 예수 그리스도가 주이심을 세상이 지속적이고 구체적으로 확신할 수 있는 길을 제시한다.**

어느 날 아침 일찍 제인은 마저리라는 여자의 집을 찾았다.[4] 마저리는 불치병 말기였다. 제인은 "자매의 집을 방문해 함께 기도해 달라고 교회에서 연락을 받았습니다"라고 설명했다. 몇 분 정도 대화를 나눴을 때 마저리가 눈물을 글썽이며 지금껏 하나님께 도움과 확신을 주시길 기도해 왔다고 밝히면서 "홀로 남은 것 같아요. 하나님께서 저를 잊으신 건 아닌가 싶어요"라고 말했다. 이에 제인이 말했다. "마저리 자매님, 저를 여기로 보내신 분이 하나님이라고 믿으세요. 하나님께서 자매와 함께하시고 기도에 응답하시는 방법이 바로 저라고 생각합니다." 제인의 이 말은 성령을 섬기는 일에 어떤 능력이 따르는지 잘 보여준다. 성령은 교회 안에서도 역사하며, 증언에 능력을 부어 준다.

하나님이면서 인간

성령이 그리스도와 교회를 하나 되게 하는 일은 그리스도를 향한 하나님의 사역에서 성령이 그리스도의 인성과 신성을 온전히 일치시키는 것과 유사하다. 예수가 몸을 입은 신성으로서 온전한 인간인 것처럼 교회는 그리스도의 몸이다. 오해의 소지가 조금 있기는 하지만, 성육신에서 신성과 인성의 관계는 그리스도의 몸이 교회와 맺는 관계와 유사하다고 말할 수 있겠다. 어떤 사람들은 이러한 유사성을 더 밀고 나가, 성령을 통해 그리스도와 교회가 하나가 되는 것은 곧 교회가 성육신의 확장이라는 사실을 의미하는 것이라고 주장한다("교회는 그리스도의 세상 속 현존이다"라든가 "우리의 손은 그리스도의 손이 되어 그의 사역을 수행한다"와 같은 설교 투의 미사여구들). 이런 식의 설명이 그럴듯해 보이기는 하나 교회를 그렇게 이해하다 보면 오직 예수 안에서만 하나님이 온전하게 몸을 입었다는 진리를 잃어버릴 위험이 따른다. 교회가 세상에서 유일하게 그리스도가 현존하는 자리는 아니다. 그리스도는 우리가 그의 일에 동참하느냐 않느냐와는 상관없이 세상 안에서 일하면서—성령의 능력 안에서—만물을 당신에게로 이끄신다. **성령의 도움을 힘입어 교회는 유일한 성육신이신 분의 증인이 되지만 교회 자체가 성육신은 아니다.** 교회는 성령의 선물에 의해 성육신에 대한 증인이 된다.[5] 게다가 교회는 자신의 힘이 아니라 선물에 의해 성령의 일이 된다.

　그리스도론의 오류들(다른 말로 이단이라고 부른다)이 어떻게 왜곡된 교회관을 사람들에게 심어 주었는지 살펴봄으로써 그리스도론과 교회론의 상호 의존성을 설명할 수 있다. 스티븐 피카드^{Stephen} ^{Pickard}는 고전적 그리스도론 이단인 가현설^{Docetism}과 에비온주의^{Ebionism}가 교회를 이해하는 방식에 크게 영향을 끼쳤다고 주장한다. **가현설**은 그리스도가 완전한 신이라면 온전한 인간이 될 수 없다고 믿었던 사람들이 내세운 견해였다. 가현설을 주장하는 사람들이 볼 때, 그리스도는 단지 인간의 모습으로 **나타났을** 뿐^{dokein, 그리스어로 '나타나다'} 하나님인 까닭에 우리의 인간성을 완전히 공유할 수 없다. 인간성을 완전히 공유하는 그리스도는 하나님의 신성을 약화시킬 수밖에 없기 때문이다. 가현설을 주장하는 사람들과는 대조적으로 에비온주의자는 예수를 완전한 인간이라고 보았으며 그래서 예수가 완전한 신이 될 수 있다는 사실을 부정하였다.[6]

피카드는 가현설이 흔히 교회의 의미에 대해 과장된 이해를 낳는다고 주장한다. 가현설의 교회 이해는 교회의 인간성을 무시한 채 신적 본질만 강조한다. 따라서 가현설을 옹호하는 사람들은 교회가 왜 그토록 자주 타락하고 무기력해지는지를 해명해야 하는 과제를 떠안는다. 그들은 어떻게 교회가 하나님의 참된 몸이면서도 타락할 수 있는지를 설명하고자 '가시적인' 교회와 '비가시적인' 교회를 구분하였다. 그리고 교회의 신적 본질을 비가시적인 교회와 연결시켰다. 그들은 예수가 단지 인간의 모습으로 나타나고 영이 인간의 몸에 머물렀듯이, 참된 교회는 비가시적이고 흠이 없이 순수하며, 추악한 인간 제도 속에 갇힌 신적 사건이라고 생각한다.

피카드는 가현설의 교회 이해가 기독교 신앙을 일종의 **영지주의**로 변질시킬 수밖에 없다고 주장한 칼 바르트의 말을 인용한다. 영지주의 *Gnosticism. '지식'을 뜻하는 그리스어 gnōsis* 란 기독교 신앙을 계몽된 소수만이 알 수 있는 난해하고 비밀스런 지식으로 만드는 이단이다. 영지주의자들에 따르면 기독교는 실체가 없는 관념 체계이며, 또 그리스도인이 예배하는 세상에 실재했던 인물―십자가에 달린 한 유대인― 을 부정하는 신에 관한 철학이다. 그들은 세인트존스 거리에서 경험하는 교회는 '참된' 교회일 수가 없다고 생각한다. 참된 교회란 성령의 비가시적인 교제이며, 지금 여기에 있는 흠투성이 교회와는 상관없이 마음에 속해 있다는 것이다.[7]

교회에 죄가 없다고 주장하는 가현설은 대체로 이 세상이 구원

받을 수 없으며, 교회는 타락한 세상에 오염되지 않도록 힘써야 한다고 생각한다. 피카드의 논지에 따르면 물질은 악하다고 주장하는 이단인 마니교 Manicheanism 는 자연스럽게 가현설의 교회론과 일맥상통한다. 이 교회론에서는 이상적인 교회와 타락한 세상을 대립적인 것으로 보기 때문에, 세상에서 그리스도인으로 산다는 의미를 고립되고 영적이며 비실제적인 성격을 지니는 것으로 묘사한다.

또한 피카드는 가현설의 교회론이 세속의 정치권력을 탐내는 교회를 낳는다고 생각한다. 콘스탄티누스가 기독교를 로마제국의 종교로 인정한 후 자만심에 빠진 교회는 계층 체제적 권위 형태들을 본떠 형성되었으며, 교회의 공동체적 특성을 저버렸다.[8] 기독교 윤리는 교회가 세상 이치를 훤히 꿰뚫어 보는 능력으로 변질되었다. 이로 인해 그리스도인들은 그리스도의 제자로 사는 것이 불가능하게 되었다. 무엇보다도 예수의 가르침에서 비폭력적 특성이 사라지게 되었다.

이와는 대조적으로 에비온주의의 교회론은 교회는 하나의 인간 제도에 불과하며, 인간의 모든 제도가 지니는 것과 동일한 사회적 한계와 특성에 종속된다고 생각한다. 에비온주의자는 교회가 도움을 베푸는 사회제도, 즉 '사람들의 필요를 충족시켜 주는' 조직이 되어야 한다고 본다. 에비온주의자에게 교회는 기껏해야 사회의 여러 봉사 기관들과 유사하며, 차이가 있다면 교회가 훨씬 많이 도움을 베푼다는 것뿐이다. 이러한 견해의 문제점은 교회가 사람들이 원하는 모습대로 변질될 수 있으며 나아가 교회가 인간의 창조물이 아니라는 생각을·지워 버린다는 것이다. 교회는 인간이 하나님에게서 원하는 것을 얻어 내는 도구에 불과한 것이 아니라, 하나님께서 우리에게 원하시는 것을 얻고자 세우신 수단이다. 교회는 성령의 열매이며 따라서 성령에게 책임을 다해야 한다.

사도행전 2장의 설교에서 베드로는 예수의 부활로 인해 성령이 새 시대를 열었으며 우리는 마지막 시대를 산다고 주장한다. 베드로의 묘사는 묵시적 특성을 띠며 마음을 요동치게 만든다. 이렇게 시작된 시대는 일상에서 흔히 보는 일과는 완전히 다르다. 교회는 구속을 구체화한 것이며, 이제 하나님의 은총을 힘입어 세상에 대한 대안으로 존재한다. 이런 이유로 교회를 인간이 이루어 낸 하나의 산물에 불과한 것으로 끌어내리지 않는 것이 중요하다.

피카드는 가현설의 교회론이 마니교의 세계관과 친밀한 짝을 이루듯이 에비온주의의 교회론은 펠라기우스가 이해한 인간의 조건을 받아들인다고 주장한다. **펠라기우스주의**Pelagianism는 인간이 스스로의 구원을 이룰 수 있다고 주장한 이단이다. 아우구스티누스는 마니교와 펠라기우스주의를 모두 반대했다. 그는 가현설과 에비온주의가 그렇듯이 마니교와 펠라기우스주의도 서로를 거울처럼 역으로 비춰 낸 상이라고 주장하였다. 이 두 이단은 모두 자기 나름의 방식으로 성육신의 신비와 교회의 경이로움을 부정하였다. 그러나 **하나님의 선하신 은총을 입은 교회는 우리가 미루어 아는 수준을**

훨씬 능가하는데, 이것을 가리켜 교회의 신비라고 부른다. 교회에서 "훨씬 능가하는" 부분이 바로 성령이다.

> 교회는 구속을 구체화한 것이며,
> 이제 하나님의 은총을 힘입어
> 세상에 대한 대안으로 존재한다.

피카드는 유럽과 북아메리카의 교회 내에서 그리스도론 이단이 어떻게 교회의 형태를 띠고 나타났는지를 보여주면서, 그런 교회 형태의 특성을 "깊이 잠든 교회"와 "분주한 교회"로 구분하여 설명한다.[9]

깊이 잠든 교회는 변하는 사회 환경이라든가 성령의 섭리에는 귀 막은 채로 과거의 방식이나 습관을 지루하게 답습하는 자기만족적인 교회이다. 깊이 잠든 교회는 혼수상태에 빠져 있으면서도, 자신이 따르는 가현설의 전제로 인해 종말을 맞고 있음을 깨닫지 못한다. 또 그에 대해 어떻게 처신해야 하는지도 알지 못한다. 이 교회는 자신들이 목적을 잊었다는 사실을 깨닫지 못하는데, 그 이유 가운데 하나는 그들 스스로 기독교적이라고 가정하는 문화 속에 오랫동안 젖어 살면서 나태해졌기 때문이다. 그런 가정에 눈이 멀어서 성령이 교회에게 주시는 독특한 소명을 보지 못하게 되었다.[10] 이 교회는 자신들의 제도가 처한 심각한 형편은 깨닫지 못한 채 교회는 인간의 기준으로 판단해서는 안 되는 영적 실체라고 계속해서 주장하고 있다.

분주한 교회는 교회의 쇠퇴를 막고 상실한 사회적 지위를 회복하기 위해, 심지어는 교회의 정치권력을 되찾기 위해 열심히 프로그램을 고안해 낸다. 피카드가 분주하다고 규정한 교회는 에비온주의의 대안을 수용해 구현한다. 그 까닭은 사회학적이고 제도적인 통찰력이라든가 최신의 지도력 이론을 적용해서 교회를 세우는 것이 자신에게 맡겨진 책임이라고 믿기 때문이다. 기이하게도 이런 방식의 교회 이해는 깊이 잠든 교회와 마찬가지로 지배적인 문화와 타협하는 결과를 낳았다.

교회를 이해하는 이 두 가지 방식은 모두 성령을 갱신의 주체로서 신뢰하지 않는다. "거룩하고 보편적이며 사도적인 교회"를 믿는다는 우리의 고백 한가운데서는 그러한 신뢰가 작용한다. 우리는 "주님이시며 생명의 수여자"이신 성령을 신뢰하며, 그렇기 때문에 교회를 믿는다. 생명으로 충만한 성령이 우리의 삶에 생기를 불어넣어 교회를 세울 때만 교회는 존재할 수 있다. 오랜 세월 동안 우리 그리스도인들은 눈으로 볼 수 없는 것에 대한 믿음을 고백해 왔다. 이제 있는 그대로 눈에 보이는 교회에 대한 믿음을 고백하는데, 이는 교회가 성령의 능력 안에서 허락된 하나님의 선물이라고 믿기 때문이다. 교회에 대한 믿음을 이런 식으로 설명하기가 망설여지는

오순절

이유는 하나님께서 맡기신 과업에 교회가 책임을 다하지 못하는 현실에 비추어 볼 때, 실제로는 교회가 전혀 그렇지 못한데도 교회가 중요하다는 믿음에 맹목적으로 전념하는 것이 될 수 있기 때문이다.

하지만 우리가 교회를 믿는다고 말하는 것은 그런 이유 때문이 아니다. 교회에 대한 믿음을 고백하는 이유는 **만일 하나님께서 성령의 인격 안에서 교회를 불러 세우지 않았다면 교회는 존재할 수 없었을 것이라고 믿기** 때문이다. 앞에서 그리스도론의 신념과 교회에 대한 이해의 연관성을 따져서 입증하려고 했듯이, 우리는 교회 자체를 믿는 것이 아니다. 우리는 오직 하나님만 '믿는다.' 그러나 하나님께서 자신을 낮추셔서 말씀과 성례전 속에 현존하셨음을 신뢰하기 때문에 교회를 신뢰한다. 물론 이때 하나님의 현존하는 방식은 인간이 서로에게 현존하는 것과는 다르다.

바로 이러한 이유에서 로완 윌리엄스 Rowan Williams 는 신조가 요구하는 것은 교회를 믿으라 believe in 는 것이 아니라 **교회를 신뢰하라** believe 는 것이라고 주장한다.[11] 성령의 능력에 의해 우리는 신앙에 대한 교회의 증언이 참되며, 또 교회는 많은 오류가 있음에도 불구하고 하나님께서 우리와 함께하시고자 선택하신 일차적 방법이라는 사실을 신뢰한다. 성령은 현실에서 유리된 영이 아니다. 교회는 우리가 지은 것이 아니라 오순절 때 성령을 통하여 탄생한 하나님의 새 피조물이며, 이 세상을 구원하기 위해 하나님께서 주신 선물이다.

성령은 하나님의 숨이다. 성경에서 성령을 묘사하기 위해 사용하는 핵심 이미지가 숨과 바람이라는 사실은 **성령이 거칠고 예측 불가능한 특성**을 지닌다는 것을 뜻한다. 니콜라스 라쉬는 이 점에 대해 다음과 같이 말한다. "하나님을 영으로 고백한다는 것은 하나님께서 만물에 숨을 불어 넣었기 때문에 이 세상이 우리의 통제 아래에 있지 않으며, 또 다른 어떤 피조물이나 체제, 무력, 사물의 통제 아래에도 있지 않다는 사실을 인정하는 것이다. 성령 하나님께 순복하기로 맹세하는 일은 간혹 무질서를 낳을지도 모르나 분명 모든 유형의 운명론에 단호히 맞설 수 있게 해준다."[12] 성령 안에서의 삶, 곧 그리스도인의 제자도는 바르게 해석하면 우리의 통제를 벗어난 삶이라고 말할 수 있는데, 그 이유는 다른 데서 공급받는 숨으로 우리가 살기 때문이다. 현대사회를 사는 우리는 인류의 발전 과정에서 마침내 인간이 자기통제 외에는 어떤 통제도 받지 않는 시기에 이르렀다고 자만하고 있다. 오순절 사건에서 우리가 누리는 삶이 우리 소유가 아니라는 사실을 확인했다. 성령께서 우리의 시간 속으로 들어오고 우리의 삶에 명령하기도 하는 까닭에 모험으로 충만한—거칠고 예측 불가능하기까지 한—삶을 희망할 수 있다.

창조 자체를 미리 아는 일이 불가능한 만큼이나 오순절에 어떤 일이 발생할지 예측하기는 어려웠다. 성령은 생명을 주는 능력으로써 새로운 공동체를 창조하고 거룩하게 하며 자라게 할 수 있다. 성령을 통하여 부어진 다양한 은사들이 교회의 삶을 이루게 된다(고전 12장). 공동체의 삶은 **성령의 열매**로 묘사되는데, "사랑과 기쁨과 화평과 인내와 친절과 선함과 신실과 온유와 절제"가 그것이다(갈 5:22-23). 성령과 함께 죄와 죽음의 굴레에서 자유롭게 풀려나고(롬 8:2), 사랑으로 사는 삶이 가능해지는 이유는 성령의 첫 열매가 사랑이기 때문이다.[13] 성령께서는 현대사회를 사는 우리에게 다가와 우리를 자아 속에 감금된 상태에서 풀어 주며, 널리 퍼져 있는 왜곡된 인간성—자기중심주의—에서 해방시켜 주고, 우리가 자유롭게 다른 사람을 사랑할 수 있게 해준다.

성령의 사역은 교회가 속한 특정한 문화, 역사적인 제도 및 관습을 반영해 다양한 형태로 나타날 수 있다. 앞서 언급했듯이 성령은 그리스도의 몸 위에 거하는 특성을 지니며, 우리가 있는 곳으로 내려와 우리가 이해할 수 있는 방식으로 하나님을 계시하며 바벨탑의 혼돈과 혼란을 치유한다. 이 말은 그리스도인의 예배가 제멋대로 이루어져도 좋다는 뜻이 아니다. 이 말은 성령의 능력을 통해 모습을 드러내고, 우리 힘만으로는 엄두도 못 낼 곳으로 우리를 이끌어 가는 삼위일체의 다양한 방식에, 그리스도인들이 보조를 맞추어 풍요롭게 변화할 준비가 되어 있어야 한다는 의미이다.

성령의 사역은 교회가 속한 특정한 문화,
역사적인 제도 및 관습을 반영해
다양한 형태로 나타날 수 있다.

언제나 교회는 살아 계시고 자유로우며 때로는 (우리의 좁은 생각에서 보면) 파괴적이기까지 한 성령의 뜻에 일치해야 하는 과제를 지녀 왔다. 예를 들어 어떤 교회들은 목회자로 일할 사람을 맛디아처럼 제비 뽑아 선출해야 한다고 믿는다(행 1:12-26). 그런 선출 방식이 성직자의 자격을 확인하는 방법으로는 무책임하다고 생각하는 사람들이 많다. 하지만 이것은 주의 깊게 살펴야 할 주제이다. 제비를 뽑아 사람을 지도자로 세우는 일이 가능하기 위해서는 우리는 어떤 유형의 교회가 되어야 할까? 모든 교인이 실질적인 책임을 감당하고 언제라도 지도자로 세움받을 수 있는 교회가 되어야 한다. 새 성직자를 신중하게 (때로는 고심하면서) 검증해야 한다고 주장하면서, 엄격하며 계층 체제적인 목회관을 옹호하는 교회는 사도행전에서 가르치는 지도력, 곧 겉보기엔 유연하고 즉흥적이지만 성령이 인정하는 지도력에서 한참이나 뒤떨어져 있다는 사실을 인정해야 한다. 오늘날 많은 교회들을 보면 목회 지도자를 제비뽑기로 선출하지 않는 교회에서조차 사람들을 성직자로 세우는 방법이 실제로는 제비를 뽑는 형태에 가까운 것이 사실이다! **다행히도 성령께서는 교회를 교회 자체의 인간적인 수단에만 맡겨 두지 않으셨다.**

교회는 '우리에게 어떤 유익을 주느냐'를 기준으로 마음대로 공동체의 삶에 대해 결정해서는 안 된다. 오랜 세월에 걸쳐 대부분의 그리스도인들은 말씀과 성례전과 목회 사역을 교회가 교회 되는 데 필수적인 요소로 생각해 왔다. 이러한 실천 분야는 "그리스도께서 교회에게 자신을 내어 주어 현존하실 때 사용하는" 구체적이고 가시적인 수단들이요, 또 "그리스도 안에 나타난 새로운 공동체의 삶을 성령의 능력을 통해 실현하고 지탱하는 주요한 양식이자 도구이다."[14]

말씀과 성례전과 목회 사역을 온전히 이루기 위해 결정적으로 중요한 것은 이 세 가지 실천이 **언제나 예수를 드러내기 위해 일하는 성령께 순복할 때에야 제 몫을 다할 수 있다**는 사실을 분명히 하고, 사역 자체로 관심을 돌리는 일이 없도록 해야 한다는 점이다. 바로 이 사실에서 왜 최상의 설교는 투명해야 하며, 설교자의 인격이라든가 회중의 성숙도와는 상관없이 그리스도를 가리키는 설교여야 하는지 그 이유를 확인할 수 있다. 참으로 신실한 기독교 지도자는 자신이 아니라 그리스도와 그분의 백성을 위해 일하는 사람이다. 성찬대에 놓인 빵이 거룩한 까닭은 성직자가 합당한 제의 방식을 따라 성별했기 때문이 아니라, 하나님의 백성이 그리스도를 바라

볼 수 있도록 성별했기 때문이다.

제임스 케이 James Kay 는 설교를 인간의 사역인 동시에 성령과 협력하여 수행하는 일이라고 정의한다.

설교는 기도하듯이 해야만 온전히 수행할 수 있다. 우리가 하는 말은 새 창조를 이루거나 제어할 수 없다. 말은 살아 계신 하나님에 대한 증언일 뿐 하나님이 아니다.······그러므로 언제나 설교 준비는 성령께서 우리의 평범한 말을 유려하든 미숙하든 가리지 않고 받으셔서, 생명의 양식으로 변화시켜 주시기를 구하는 기도여야 한다. 최후의 만찬에서 유추해 볼 때 설교는 언제나 에피클레시스 epiclesis, 즉 성령청원기도의 특성을 지닌다.······[하지만] 설교는 설교자의 최상의 노력으로 다듬어져야 하며······우리는 인간의 역할을 깎아내리거나 배제한다든가 심지어 "우리는 이 보물을 질그릇에 간직하고 있습니다. 이 엄청난 능력은 하나님에게서 나는 것이지, 우리에게서 나는 것이 아닙니다" (고후 4:7)라고 말하면서 하나님께서 일하시기만을 구해서는 안 된다. 오소서, 창조자 성령이시여![15]

성령과 교회의 선교

성령께서는 말씀과 성례전과 목회 사역을 통하여 우리를 예수 그리스도의 증인으로 세우신다. 복음이 증인을 필요로 하는 이유는 예수는 시공간 속에서 그를 특별히 증언해 온 사람들의 공동체 없이 누구나 알 수 있는 진리가 아니기 때문이다. 우리가 증언하는 진리는 사랑이나 평화, 정의와 같은 모호한 일반 원리가 아니라 성령이 그 위에 거하는 인격, 곧 예수 그리스도다. 사도행전은 인간의 역사 속에서 성령이 구체적이고 조직적인 형태로 사람들을 세우는 사역이 어떻게 시작되었는지를 보여주는 기록이다. 이러한 사역의 목적은 그리스도를 통해 하나님께서 행하신 일을 알리는 것이다. 사도행전에서 성령에 관해 '이야기하는' 내용, 즉 누가의 내러티브를 통해 우리는 교회가 당시 권세 잡은 자들에게 배척과 거부를 당해 무너졌지만 이어서 성령에 의해 회복되어 이 세상을 침노하는 하나님 나라로 우뚝 서게 되었음을 보게 된다.

캐빈 로 Kavin Rowe가 사도행전을 다룬 『전복된 세계』World Upside Down: Reading Acts in the Graeco-Roman Age라는 책에서 지적한 바에 따르면, 우리는 사도행전의 초반부터 누가가 뼈대로 삼은 논지를 읽을 수 있다. 사람들이 "성령의 능력"을 받은 후 부활한 예수께서 그들에게 "예루살렘과 온 유대와 사마리아에서, 그리고 마침내 땅끝에까지 이르러 내 증인이 될 것이다"(행 1:8)라고 하신 말씀이 그것이다.[16] 이런 사명을 맡긴 이유는 카이사르Caesar가 아니라 예수가 주이심을 온 세상에 알리는 것이 제자들의 일이기 때문이다. 이 말은 그리스도인들이 권력을 쟁취하여 카이사르의 역할을 대신 해야 한다고 주장하는 것이 아니다. 그리스도인들은 예수의 주권이 카이사르가 휘두른 통치

권보다 훨씬 더 근본적이라고 선포하였다. 제자들의 증언이 담아낸 정치는 로마제국이나 세상의 어떤 권력자가 생각할 수 있는 것보다 훨씬 더 위협적이다. 그런 탓에 제자들은 늘 어려움을 겪을 수밖에 없었다. 권력을 쥔 정치가들에게 교회가 그토록 위협적이고 파괴적으로 여겨진 이유가 무엇일까? 통제 불능의 성령에게서 그 원인을 찾아야 한다.

사도행전 5장에서 우리는 사도들이 체포되어 감옥에 갇힌 이야기를 읽는다. 한밤중에 주의 천사가 감옥 문을 열었다. 사도들은 시골로 달아나지 않고 곧바로 성전으로 달려가, 예수의 생명에 대해 "남김 없이 백성에게" 전하였다(행 5:20). 공의회 앞으로 끌려 나온 사도들은 예수의 이름으로 가르치지 말라는 명령을 받았다. 베드로와 사도들은 "사람에게 복종하는 것보다, 하나님께 복종하는 것이 마땅"하다고 말하면서 타협하기를 거부하였다(행 5:29). 그리고 나가는 곳마다 선포하기를 자신들의 입을 막으려 했던 사람들이 예수를 나무에 달아 죽였으나, 하나님께서 그분을 일으켜서 온 이스라엘이 회개할 길을 열어 놓으셨다고 외쳤다. 제자들은 자신들이 "이 모든 일의 증인이며, 하나님께서 자기에게 복종하는 사람들에게 주신 성령도" 증인이신 까닭에 이 일이 참이라는 것을 안다고 주장했다(행 5:32).

사도행전에는 성령께서 사도들에게 이스라엘 백성이 아닌 이들에게까지 말씀을 전하게 한 일을 두고 사람들이 놀라는 이야기가 나온다. 카이사르의 경찰인 로마군 장교 고넬료에게 초청받은 베드로는 고넬료의 집에서 이방인들에게 설교했다. 그랬던 이유는 표면적으로는 베드로가 유대인의 식사 관습을 이방인 개종자에게도 적용할 수 있겠는지 문제 삼는 꿈을 꾸었기 때문이다. 그런데 고넬료와 같은 이방인 군대 장교에게까지 말씀을 전하게 되면서 베드로는 그 꿈이 "부정한" 사람들에 관한 것이었음을 깨달았다. 베드로는 예수께서 세례받고 성령으로 기름부음받은 일과 예수의 십자가 죽음, 부활에 관해 설교했다. 베드로가 이렇게 기꺼이 따랐던 이유는 그와 사도들은 하나님께 증인으로 선택된 사람들이며 증인으로서는 울타리를 계속 뛰어넘는 성령, 심지어 고넬료 같은 이방인에게까지 찾아가는 성령을 온전히 파악하거나 통제할 수 없다는 사실을 깨달았기 때문이다.

베드로가 설교할 때 성령이 말씀을 듣는 모든 사람에게 내려오고, 오순절 때와 같이 그들이 방언으로 말하기 시작했다. 할례받은 유대인만이 세례를 받을 수 있지 않겠느냐고 생각한 몇 사람이 이의를 제기하자 베드로는 이렇게 반문하였다. "이 사람들도 우리와 마찬가지로 성령을 받았으니, 이들에게 물로 세례를 주는 일을 누가 막을 수 있겠습니까?"(행 10:47) 성령의 강권하심으로 말씀이 선포되었고, 또한 성령의 역사로 말씀이 받아들여졌다. 뜻밖에 하나님께서 국외자였던 이방인들에게까지 손을 내미신 일이 이렇게 성령에 의해 확증되었다. 말씀이 선포되고 예수께서 구주로 받아들여지는 형태가 오랜 세월을 이어 오며, 말씀 사역의 진정성을 결정짓는 기준이 되었다.

증인으로서는 울타리를 계속 뛰어넘는 성령을
온전히 파악하거나 통제할 수 없다.

사도행전에서 바울은 모범적인 성령의 일꾼이 되어 어떻게 말씀이 전 세계로 퍼져 나가는지를 실증한다. 때로는 옥에 갇히고 심하게 배척당하면서도 바울은 성령의 도움을 힘입어, 로마제국 곳곳에 교회를 세우고 자라게 했다. 에베소에서 바울이 자칭 예수를 따른다고 하는 몇몇 "제자들"을 만난 일은 특히 흥미롭다. 바울은 그들에게 세례받을 때에 성령을 받았느냐고 물었다. 그들은 성령을 받지 않았을 뿐만 아니라 성령에 관해 들어 본 적도 없다고 대답했다. 그 사람들은 세례 요한과 관련된 초기의 세례를 받았던 것으로 보인다. 사실상 세례를 받지 않았던 것이다. 바울은 "주 예수의 이름으로" 그들에게 세례를 베풀었다. 이 일은 신약성경에서 유일하게 재세례를 베푼 사례이다. 바울이 안수하자 그들은 성령을 받아 방언을 말하고 예언도 하였다(행 19:1-7). **"주 예수의 이름으로" 베푸는 세례가 곧 성령세례이며, 그리스도인에게 성령은 선택 사항이 아니라는 점**

을 주목해 보라. 성령의 열매는 증언과 제자도 그리고 우리가 아닌 하나님께서 통제하시는 삶이다.

성령은 초기 교회 안에서 커다란 다양성을 불러일으켰던 것으로 보인다. 세례 요한을 따랐던 몇 사람이 스스로를 그리스도인이라고 생각했다는 사실에서 초기 그리스도인들이 자기 나름대로의 다양한 방식으로 예수를 따르는 일의 의미를 찾으려 했다는 점을 알수 있다. 그런 과정은 끝나지 않고 여전히 계속되는데, 그것은 우리가 섬기는 분이 살아 계시는 하나님이기 때문이다. 또 성령의 인도로 그리스도인은 전혀 예측하지 못했던 복음의 의미를 깨닫고 충격을 받을 수도 있다. 이것이 바로 살아 움직이는 그리스도의 몸에 성령이 가하는 영향이다.

그래서 우리가 "오소서, 성령이시여!"라고 기도할 때, 그것은 마치 "오소서, 성령님! 우리를 흔들어 우뚝 일어서게 하시고 앞으로 나아가게 하시어, 당신 없이 우리 홀로 이룰 수 있는 것보다 훨씬 더 신나는 교회로 세워 주소서!"라고 기도하는 것과 같다.

교회를 헤치시는 분이며 교사, 인도자, 심판자이신 성령

초기 교회는 성령의 인도를 따라 진정 중요한 것이 무엇이냐에 관해 서서히 의견 일치를 이루게 되었다. 그리스도인들은 중요한 것이 성경이라고 확정지었다. 그리고 성경이 어떤 권위를 지니며 또 교회의 존재를 위해 어떤 예식이 필요한지에 관해서 합의를 이루었다. 교회 지도자들의 역할에 관해서도 합의를 이루었다. 이렇게 발전한 내용들은 그 당시 중요한 문제였던 만큼 뒤이어 논쟁을 불러일으킬 수밖에 없었다. 그리스도인 사이에서 의견이 갈렸다는 사실은 교회에게 진리는 중요한 문제이며, 또한 진리로 인정되는 것은 흔히 논쟁을 통해 발견된다는 점을 보이는 표지이다. 갈등을 좋아할 사람은 거의 없겠지만 **때로 우리가 벌이는 논쟁은 성령께서 교회에 계속해서 활력을 부어 주고, 진리를 계시해 주고 있다는 사실을 확인하는 표지가 되기도 한다.**

성령의 본질은 특히 교회가 자기만족에 빠지고 현실에 안주할 때, 교회를 뒤흔들어 대는 것이다. 예를 들어 성례전이 두 가지―세례와 성찬례―냐 아니면 일곱 가지냐의 문제를 놓고 교회 사이에 여전히 의견이 일치하지 않는다. 우리는 성례전의 수에 관해 다툴 것이 아니라, 성례전의 목적에 관해 의견 일치를 이룸으로써 (가톨릭과 개신교 사이의) 이 논쟁을 좀 더 제대로 된 방향으로 이끌 수 있을 것이다. 우리는 성령이 말씀, 성례전, 목회 사역과 이루는 상호작용에 대해 클로드 웰치가 다음과 같이 말하는 것을 기꺼이 받아들인다.

말씀과 성례전과 목회 사역은 모두 인간 실존의 뼈대로서 성령께서 세운 것이요(다시 말해 교회에게 주신 것들이요), 그리스도의 은총을 베

오순절

풀고 새 생명의 능력이 열매를 맺게 하는 도구로 사용되며, 하나님 백성의 역사적인 삶을 통해 전달된다. 동시에 이 세 가지는 그리스도께서 지금도 당신의 백성 가운데 새롭게 임재하면서, 당신의 새 인간성에 참여하도록 이끄신다는 약속의 표지이자 도구가 된다.[17]

성령과 교회가 각별한 관계를 이룬다고 해서 성령의 사역이 교회에만 한정된다는 뜻은 아니다. 천지창조 때 생명을 만들고, 아담에게 생명을 불어 넣었던 성령은 오순절 때 함께 모인 사람들 위로 임한 바로 그 성령이다. 이스라엘의 마른 뼈들에게 새 생명을 불어 넣었던(겔 37:1-14) 성령은 이 세상 속에서 일하면서 예수의 이름을 모르는 사람들을 교회 안으로 불러 모으는 성령이다. 사도행전에서 갓 태어난 교회를 이방인에게까지 이끌어 갔던 성령은 오늘날 굳은 마음으로 자기만을 생각하는 회중으로 하여금 성령의 사역을 교회의 돌봄과 내부 유지와 안정에만 국한시켜 온 데 대해 우려를 느끼게 하는 성령이다.

로완 윌리엄스는 교회 밖에서 이루어지는 성령의 사역에 대해 이렇게 말한다. "교회는 예수께서 세상 속에서 일하는 자리로 세워졌다. 이 말을 달리 표현하면 예수께서 눈에 띄게 활동하는 곳에는 교회와 같은 실체가 반드시 존재해야 한다고 말할 수 있다."[18] 이렇게 말한다고 해서 가시적인 교회와 가르침, 성례전이 중요하지 않다는 의미는 아니다. 다만 교회의 가시적인 울타리 밖을 살펴봄으로써, 교회에게 가장 중요한 것이 무엇인지 배우게 될 때가 있다는 사실을 인정하는 것이다. 교회가 성령에 의해 탄생하기는 했으나, 성령은 교회보다는 이 세상에 더 많은 관심을 둔다.

> 성령과 교회가 각별한 관계를 이룬다고 해서
> 성령의 사역이 교회에만
> 한정된다는 뜻은 아니다.

윌리엄스는 성령의 눈으로 교회의 현실을 바라보면 성경과 성례전은 말할 것도 없고, 당신의 생명을 교회의 심장으로 내어 주신 그리스도조차도 교회 생활의 중심으로 인정하지 않을 만큼, 우리가 심각하게 잘못되어 있는 것은 아닌지 "불편한 질문"을 던질 수밖에 없다고 주장한다. 성령은 번성하는 교회뿐만 아니라 쇠퇴하는 교회 속에서도 일한다는 사실을 인정하는 것이 중요하다. 성령은 언제나 예상치 못한 방향에서 교회에 도전해 온다. 그러므로 하나님께서 원하시는 것이 무엇인지를 교회가 철저히 깨달을 수 있도록 성령에게 "다시 그 일을 행하소서"라고 기도하는 것이 마땅하다.[19]

이쯤에서 성령이 교회를 세우고 돌본다는 설명에 대해 혹시 당신이 속한 교회와는 전혀 상관없는 일이라고 생각하고 있는 것은

오순절

아닌지 모르겠다. 오늘날의 교회, 적어도 중류층의 백인으로 이루어진 주류 개신교파 교회는 병들어 있는 것처럼 보인다. **성령은 어디로 사라졌나?** 성령은 언제나 교회가 있는 곳에 머물면서 예수를 알리는 일을 계속하는데, 다만 그 방식이 교회에 대한 심판으로 나타났을 뿐이다.

어떤 사람들은 교회보다는 브로드웨이 연극에서 더 큰 영감을 받았다거나 록 콘서트에서 사랑 넘치는 공동체의 정신을 더 크게 느꼈다고 말한다. 그것은 성령이 사라진 교회를 심판하는 것이다. 그러므로 니케아 신조에서 "하나의 거룩하고 보편적이며 사도적인 교회"에 대한 고백에 이어 곧바로 "죄를 용서하는 하나의 세례"에 대한 고백이 나오는 것은 우연이 아니다. 교회는 인간의 제도이며 그렇기에 하나님께서는 교회가 거룩하게 되는 데 필요한 것(용서)을 아낌없이 교회에 주셨다. 웰치가 말한 대로 "교회의 존재는 교제와 분리시킬 수 있는 것이 아니다. 교회는 그리스도께서 주권을 행사하시는 [죄인들의] 공동체이다."[20]

교회의 핵심 표지는 보편성이다. 보편적 교회란 하나님과, 또 서로 간에 일치를 이룬 교회이다. 적어도 성령과 하나 된 일치는 억압적인 획일성이 아니다. 성령 안에서 나누는 교제는 그리스도인들로 하여금 서로 사랑하게 하며, 특히 우리의 차이점이 그리스도의 몸을 세우는 데 참으로 중요하다는 사실을 알기에 기꺼이 서로 사랑하게 한다. 고린도전서 12장에서 바울은 고린도 교회 사람들에게 그리스도의 몸을 세우는 다양한 은사를 잘 감당하라고 말한다. "각 사람에게 성령을 나타내 주시는 것은 공동 이익을 위한 것입니다"(고전 12:7). 바울이 볼 때 어떤 영적 은사가 성령에게 속한 것이냐 아니냐를 판정하는 일은 그 은사가 교회를 고양시키느냐 아니냐의 기준에 따라 이루어진다. 앞서 살펴보았듯이 성령은 두드러지게 관계적이고 공동체적인 특성을 지니는데도, 오늘날 사람들은 대체로 성령을 개인적인 면으로만 이해한다.

세례받은 그리스도인들이 그리스도와 하나 되고 또 서로 간에 하나 됨을 뜻하는 교회의 보편성에 비추어 보면, 분열된 현실은 서글플 수밖에 없다. 교회 안에서 우리는 분열되어 있는 죄를 고백해야 한다. 또한 우리의 가장 비극적인 분열은 가톨릭과 개신교 혹은 개신교 교파 사이의 분열이 아니라, 부자와 가난한 자, 백인과 유색인, 건강한 사람과 장애인, 젊은이와 노인 사이의 분열이라는 사실을 인정해야 한다. 교회는 성령께서 어떤 일을 하실 수 있는지 보여 주는 모범이어야 한다. 그리스도인들이 국가에 충성한다는 명분으로 서슴없이 서로를 죽이거나, 우리 종교를 사랑해서 다른 종교를 증오하는 일은 수치일 뿐이다. 비그리스도인들이 우리의 분열된 모습을 보고서, 우리가 말로는 믿는다고 하지만 실상은 믿지 않는다는 것을 확인하게 되는 것이 과연 놀랄 일이겠는가?

우리가 죄를 용서받아 하나님 나라의 백성이 되었다는 사실이 서로 화해를 이룰 수 있는 희망을 열어 준다. 이것이 바로 "하나

오순절

의 거룩하고 보편적인 교회"를 믿는다고 말할 때 고백하는 내용이다. 지나칠 정도로 세상에 휩쓸린 삶을 살기에, 우리 대부분은 우리가 거룩하다는 사실을 생각조차 하지 못한다. 하지만 거룩함은 전체 교회의 첫째이자 가장 중요한 속성이지 경건한 개인들의 특성이 아니다. 교회가 거룩하다고 고백하는 것은 우리의 죄를 부정하는 것이 아니라 성령의 능력을 긍정하는 것이다. 힘 있는 성령은 교회가 소명을 빈번히 저버렸다는 사실을 인정하고 고백할 수 있는 새 공동체를 일으켜 세우시며, 그 공동체를 통해 서로 고립되어 있는 우리의 현실을 품어 치유하신다.

예수께서는 교회를 위해 "그들도 하나가 되어서"라고 기도했다(요 17:21). 그리스도의 몸을 경계와 갈등, 해묵은 상처, 분열로 가득 채운 세상 한가운데서, 교회가 거룩하고 보편적이며 **하나**가 될 희망은 "오소서, 성령이시여"라고 기도하는 방법밖에 없다.

3. 거룩함 성령 안의 삶

◆ ◆ ◆

존과 찰스 웨슬리 Charles Wesley 는 그리스도인들이 거룩한 삶을 살도록 부름받았다는 점을 진지하게 받아들이도록 해서 영국 국교회를 갱신하려고 애썼다. 웨슬리 형제는 그리스도인이라면 누구나 성화되어야 한다고 주장하였다. **성화**란 우리의 삶을 죄에서 자유롭게 하는 성령의 사역을 가리키는 용어이다. 따라서 존과 찰스는 그리스도인들이 죄에서 자유롭게 되기를 갈망하면서 구원을 향해 나가도록 도와주는 삶의 양식—거룩함 holiness —을 발견하고자 애썼다.

완전하게 되는 것은 가능한가

존과 찰스 웨슬리는 거룩함을 추구하는 방법을 매우 까다롭고 철저하게 다듬었던 까닭에 자주 조롱과 멸시를 당했다. 옥스퍼드에서 존 웨슬리를 중심으로 모였던 사람들은 홀리 클럽 Holy Club 이라는 별명을 얻었다. **메소디스트** Methodist 는 원래 웨슬리가 그리스도인들이 어떻게 살아야 하는지를 설명할 때 철저하게 "규칙적" methodical 이기를 강조한 데 대해 조롱조로 붙여진 호칭이었다. 영국 국교회의 많은 사람들은 메소디스트들을 가리켜 "열광주의자"라고 불렀다. 그 말은 칭찬이 아니었다. 열광주의자는 위험할 정도로 감정적이고 비지성적으로 신앙을 이해하는 사람들로 여겨졌다.

하지만 존과 찰스 웨슬리는 거룩함이 그리스도인이 된다는 것의 의미를 밝혀 준다고 확신했다. 동방 기독교 신학자들의 영향을 받은 존 웨슬리는 "신화" divinization 에 대한 그들의 설명을 자신의 "완전" 개념 속에 받아들였다. 이렇게 강조된 거룩함을 힘 있게 표현한 것으로는 찰스 웨슬리가 지은 찬송인 「하나님의 크신 사랑」 Love Divine, All loves Excelling 만 한 것이 없다.

> 주님께서 새 창조를 마치는 그때
> 우리로 흠 없이 순결하게 하소서.
> 주의 크신 구원을 보게 하시며
> 주 안에서 온전히 구속하소서.
> 영광에서 영광으로 변화되어
> 하늘에 있는 우리 집에 이르러
> 주님 앞에 우리 왕관을 벗어 드리며
> 경배와 사랑과 찬미에 온전히 젖게 하소서. 아멘.[1]

우리는 "하나님의 크신 사랑"에 너무 익숙해져 있어서 이 찬송이 담고 있는 놀라운 주장을 놓치기 쉽다. 찰스 웨슬리는 하나님께 우리를 "흠 없이 순결하게" 해달라고 청할 때 진지했을까? 그는 매우 진지했다. 자신의 형인 존처럼 찰스도 자신이나 모든 그리스도인들이 할 수 있는 한 죄에서 자유로운 삶을 살기를 바랐다. 우리는 누구나 "겸손히 마음을 비워" 성령께서 들어와 거하시기를 소망해야 한다. 찰스 웨슬리는 우리가 이 세상을 살면서 "하늘의 천사들처럼 주님을 섬기기" 원했는데, 이 말은 성도들이 하늘에서 누리는 교제를 이 세상에서도 맛볼 수 있다는 뜻이다.

> 성화란 우리의 삶을 죄에서 자유롭게 하는
> 성령의 사역을 가리키는 용어이다.

그리스도인의 삶의 특징인 거룩함을 설명하고자 존 웨슬리가 사용한 말 가운데 하나는 **완전**이었다. 그는 그리스도인이 무지나 실수에서 자유로울 수 있다고 생각하지는 않았다. 하지만 성령을 통해 현존하는 그리스도의 사역으로, 그리스도인들은 "외적인 죄"에서 자유롭게 될 수 있다고 생각했다. 웨슬리에 의하면 "때가 무르익어 마침내 성령이 임하고, 예수 그리스도의 계시에 의해 하나님의 큰 구원이 사람들에게 허락된다. 이제 세상 위에 하늘나라가 세워진다."[2]

찰스 웨슬리의 찬송에서 마지막에 나오는 "경배와 사랑과 찬미에 온전히 젖게 하소서"라는 구절을 주목해 보라. 성화된다는 것은 어떤 불가능한 이상을 성취하기 위해 아주 열심히 노력하는 것이 아니다. 이런 식으로 거룩함을 오해하면 자아도취적인 자기 의라든가 끊임없는 죄책감에 빠질 수 있다. 웨슬리의 관점에서 볼 때 '완전하게 되는 것'은 철저히 성령의 삶에 사로잡히는 것이요, 그래서 끈질긴 자기 회의에 짓눌리지 않는 것을 말한다. **성화된다는 것은 우리가 하는 일이 하나님께 충분하지 못할지도 모른다는 염려를 사라지게 할 만큼 강력한 삶의 방식에 이끌려 들어가는 것이다.** 성도들은 결코 성도가 되기 위해 애쓰지 않는다. 그런 삶의 방식은 그저 성령의 선물로서 나타날 뿐이다.

완전하게 되는 것이 가능한 일이겠느냐고 많은 사람들이 회의하는 것에 대해 웨슬리는 성령의 완전하게 하는 사역을 오해한 데서 그런 생각이 나온 것이라고 보았다. 성경에서 말하는 완전은 "우리의 마음과 삶 속에서 홀로 다스리는 순전한 사랑"이라고 웨슬리는 주장하였다.[3] 이렇게 볼 때 완전은 우리 마음에 충만하여 모든 말과 행동을 지배하는 사랑을 의미한다. 하지만 웨슬리는 그저 죄에서 자유롭게 되었다고 "느끼는" 것만으로는 충분하지 못하다고 경고했다. "칭의뿐만 아니라 온전한 성화까지도 분명하게 증언하는 성령의 증거가 따르기까지는" 결코 그러한 사랑의 일이 끝난 것이라고 보아서는 안 된다.

웨슬리는 칭의와 성화가 밀접하게 엮여 있다고 보았다. 둘 중에 어느 하나가 없으면 다른 것도 있을 수 없다. 웨슬리에게 **칭의**란 그리스도께서 우리 죄에 대해 하나님께 용서를 얻고자 행한 일을 가리키는 용어이다. 칭의가 이루어지는 그 순간에 성화도 시작된다. 웨슬리에 따르면 성령에 의해 우리 안에서 참된 변화가 이루어진다.

> 우리는 하나님의 능력에 의해 내적으로 새로워집니다. 또한 "하나님께서 우리에게 주신 성령을 통하여 그의 사랑을 우리 마음속에 부어 주셨"[롬 5:5을 보라]음을 느낍니다. 이 사랑은 모든 인류, 그중에서도 특히 하나님의 자녀들에 대한 사랑을 불러일으킵니다. 그리고 이 세상과 쾌락, 안락, 명예, 돈에 대한 사랑과 더불어 자만심, 분노, 아집과 기타 모든 악한 기질을 내쫓습니다. 한마디로 말해 "속되고 감각적이며 사악한 마음"을 "그리스도 예수의 마음"[빌 2:5를 보라]으로 변화시킵니다.

웨슬리가 성화론을 두드러지게 강조한 것을 보면서 그가 인간의 본성을 너무 낙관적으로 이해한 것은 아닌가 하는 생각이 들기도 한다. 웨슬리가 "세상에 대한 사랑"을 완전히 몰아낼 만큼 우리의 정신이 철저히 변화된다고 주장한 것은 과연 사실일까?

존 웨슬리는 인간의 타락과 죄성이라는 문제에 관해서는 확고하고 정통적인 견해를 지녔다. 하지만 죄로 인해 뒤틀린 삶을 변화시키는 성령의 능력에 대해서는 훨씬 더 힘 있게 강조하였다. 웨슬리에게 **은총**은 인간의 본성에 대한 감상적인 견해(하나님은 "나는 있는 그대로의 너를 사랑한다. 그러니 아무것도 바꾸지 않겠다고 약속해라"고 말씀하신다)를 뜻하지 않는다. 웨슬리에 따르면 **은총은 우리 안에서 일하면서, 성령의 역사 없이는 우리가 결코 누릴 수 없는 삶을 베풀어 주는 성령의 능력이다.**

웨슬리가 볼 때 성화는 우리가 "거듭나는" 순간에 시작되는 "점진적 과정"이다. 예수께서 니고데모에게 말씀하셨듯이, 성령은 "불고 싶은 대로" 불면서(요 3:8), 우리로 하여금 다시 태어난 것처럼 죄에 대하여는 죽고 하나님께는 살아 있게 만든다. 그러므로 우리는 "온전한 성화"를 바라야 한다. 다시 말해 자만심과 아집, 분노, 불신앙에서 해방되기를 구해야 한다. 우리는 "완전한 경지로" 나아가(히 6:1, NRSV), 사랑이 삶을 다스리게 하고, 삶을 억누르는 죄의 권세를 몰아내게 되기를 구해야 한다. 성화된다는 것은 "보이지 않는 것들"의 증거를 제공해 주는, 일종의 "영적인 빛"을 우리 영혼 속에 지니는 것이다.[6] 웨슬리에게 신앙이란 예수의 삶, 십자가의 죽음, 부활에서 분명하게 드러난 것과 동일한 능력을, 성령에 힘입어 우리도 지닌다는 확신이었다.

이번 장을 시작하면서 감리 교회Methodism가 거룩함을 추구한 운동이 었다는 점을 살펴보았다. 앞 문장을 과거 시제로 표현한 것에 유의 하라. 오늘날 대부분의 감리교인은 웨슬리가 강조한 "온전한 성화" 를 곤혹스럽게 여기고, 다른 세상에서 온 것이라고 생각한다. 그 이 유는 적어도 두 가지이다. 첫째, 웨슬리가 말하는 성화는 다른 시대 와 장소에서 등장한 것이며, 그가 거룩함을 설명하려고 사용한 언 어 역시 우리에게는 낯설게만 느껴진다. 둘째, 더 중요한 사실로 웨 슬리는 성화를 성령의 사역으로 만들었다. 웨슬리는 그 누구도 자 기 힘만으로는 "완전한 경지로" 나갈 수 있다고 기대하지 않았다(오 늘날에도 미국 연합 감리 교회 목사들은 안수를 받을 때 감독에게서 "완전 한 경지로 나가"겠느냐는 질문을 받는다. 이어서 감독은 "오소서, 성령이시 여"라고 기도한다).

성령은 하나님이기 때문에 '다른 세상에서' 온다. 하지만 성령 의 사역으로 인해 그 '다른 세상'은 우리가 살고 움직이고 존재하는 (행 17:28) 곳과 같은 세상이라는 것이 드러난다. 성령을 통하여 우 리는 다른 세상, 즉 삼위일체로 거하시는 하나님의 생명이 넘치는 세상에 참여하게 된다. 하나님께서 우리가 우리 자신에게 가까운 것 보다 더 우리에게 가까이 계신다는 사실을 성령이 확증해 준다. 이 것은 분명한 사실이다. 더 나아가 우리는 하나님께서 은총으로 성령 의 사역을 통해 우리를 친구로 인정하시고, 그리스도가 통치하시는 나라의 백성으로 삼아 주셨다는 사실을 전하는 증인이 된다.

우리 두 저자는 모범적인 그리스도인이라고 내세울 만한 사람들이 아니다. 우리는 "완전"을 향해 가는 길에서 여전히 멀리 뒤쳐져 있다. 하지만 우리를 신뢰하길 바란다. 성령이 우리를 품어 주시기 전이라면 당신은 우리를 알고 싶어 하지도 않았을 것이다.

오늘날에는 거룩함과 관련된 많은 주제들이 **윤리학**이라는 폭넓은 범주 안에서 다루어진다. 윤리학이란 대체로 자신을 좀 더 나은 사람으로 만드는 학문 분과를 뜻한다. 그리고 **성화**는 **영성**—영적으로 좀 더 탁월하게 되려는 노력—과 연결된다. 이렇게 성령의 사역에서 윤리를 분리시키는 바람에 수많은 난점이 생겨났다. 하나님과 우리의 관계가 영성의 수준으로 추락한 이상, 윤리에 관해 논할 때 하나님이 인간의 행위에서 중요한 주체가 되는 것처럼 생각할 필요가 없게 되었다.

윤리학—그리스도인에게 요구되는 덕목과 결단과 행위에 관해 성찰하는 일—연구는 선과 옳음의 문제들을 하나님은 어떤 분이며, 그분의 뜻은 무엇이고, 예수 그리스도 안에서 우리에게 행하시는 일이 무엇인가를 다루는 신학적 신념과 분리시키는 일이 없도록 신중하게 이루어져야 한다. 거룩함과 관련해서 염두에 두어야 할 사실은 성령의 사역에 관해 어떤 식으로 논의가 이루어지든 최소한 하나님이 어떤 분이며, 또 어떤 일을 행하시느냐가 중요하다는 점을 반드시 고려해야 한다는 것이다. 진정한 기독교 윤리는 어떻게 성령이 그리스도인의 삶에 차이를 이루어 내는지 보여주는 것을 과제로 삼는다.

성령을 통하여 우리는 다른 세상,
즉 삼위일체로 거하시는 하나님의 생명이
넘치는 세상에 참여하게 된다.

하지만 거룩함이라는 말, 웨슬리의 표현에 따르면 완전이라는 용어
가 가식적인 정도까지는 아니라고 해도 구시대적인 말로 들린다는
점은 부인할 수 없다. 우리는 "완전"한 체하는 사람들을 대체로 신
뢰하지 않는다. 우리에게 깃든 죄성을 생각할 때, 그 누가 스스로 거
룩하다고 생각할 만큼 뻔뻔할 수 있겠는가? 어떤 사람을 가리켜 "거
룩하기 짝이 없다"라고 말하는 것은 칭찬이 아니다.

정말이지 사람들은 서슴없이 테레사 수녀Mother Theresa와 같은 인
물을 거룩하다고 하는데, 그 말이 그가 놀라울 정도로 선했다는 사
실 외에 어떤 의미를 담고 있는지 확실하게 알지 못한 채 그렇게 판
단한다. 그처럼 이타적인 사람들을 존경하지만 다른 한편으로는 그
들을 특별난 인물로 여겨, 우리로서는 그런 삶을 따라 살 수 없다고
생각할 뿐만 아니라, 솔직히 말해 따라 살고 싶어 하지도 않는다. 테
레사 수녀를 존경은 하지만 그를 친구로 삼기는 원하지 않는다.

우리도 혹시 그런 것은 아닐까? 로완 윌리엄스의 견해에 따르면 성공회 전통에 속한 여러 탁월한 사상가들의 세계관이 보여주는 일관성은 신학 체계에서 비롯된 것이라기보다는, "하나님께서 그리스도 안에서 인간을 변화시키실 때 그 삶이 어떤 모습이 되는지에 대한 깨달음에서" 나온 것이다. "그 신학자들에게 하나님을 성찰하는 것은 인간이 어떻게 거룩하게 변화되고, 자신의 삶을 통해 하나님의 은총과 영광을 어떻게 드러내는지에 관해 성찰하는 일과 밀접하게 연결된다."[7]

윌리엄스가 주장한 논점은 그 자체로 중요할 뿐만 아니라, 존과 찰스 웨슬리가 강조한 그리스도인의 완전이—비록 그 두 사람 나름의 독특한 방식으로 제시된 것이긴 해도—기도와 예전과 영국의 신학적 전통에 깊이 뿌리내린 주제였다는 사실을 분명하게 밝혀 준다. 거룩함을 성찬례와 결합한 가톨릭의 사고방식과 일상생활의 성화를 강조한 개혁주의의 견해가 모두 영국 국교회의 전통 속에 존재하며, 웨슬리 형제에게 결정적인 영향을 끼쳤다.

하지만 윌리엄스는 "사려 깊은 신학적 회의주의"가 거룩함과 관련된 성공회 전통 속에 흐르고 있음을 밝혀낸다.[8] 인간은 타락한 피조물이요, 겉으로 드러나는 거룩함의 표지들은 언제나 모호할 수밖에 없다는 사실을 인정하는 회의주의이다. 우리는 얼마든지 자기 자신을 속일 수 있다. 웨슬리가 제대로 관심을 기울이지 못했던 회의주의, 즉 우리 스스로 거룩하게 될 수 있는 능력을 의심하는 회의

주의는 역설적이게도 거룩함에 대한 표지로 간주될 수 있다.[9] 성도들의 증언을 통해 확인할 수 있듯이, 어떤 사람이 하나님께로 가까이 다가갈수록 그 사람은 자신이 죄인임을 더욱더 깊이 깨닫게 되기 때문이다.

> 진정한 기독교 윤리는 어떻게 성령이
> 그리스도인의 삶에 차이를 이루어 내는지
> 보여주는 것을 과제로 삼는다.

거룩함이 의미하는 것과 그리스도인의 거룩한 삶을 묘사하는 언어를 되찾기 위한 최상의 방법이 무엇인지를 제대로 파악하려면, 성경에 귀를 기울이는 것이 매우 중요하다. 성경에서는 거룩함을 개인이 성취하는 업적이 아니라, **공동체**가 하나님의 영광과 거룩하심을 비추는 것이라고 말한다. 하나님만이 거룩하시다. 다시 말해 하나님은 하나님이며, 우리는 하나님이 아니다. 이사야가 성전에서 본 환상은 하나님의 완전한 '타자성'otherness 과 마주 선다는 것의 의미를 가장 잘 그려 낸 묘사 가운데 하나다. 이사야는 하나님 앞에 섰던 일을 다음과 같이 기록하였다.

웃시야 왕이 죽던 해에, 나는 높이 들린 보좌에 앉아 계시는 주님을 뵈었는데, 그의 옷자락이 성전에 가득 차 있었다. 그분 위로는 스랍들이 서 있었는데, 스랍들은 저마다 날개를 여섯 가지고 있었다. 둘로는 얼굴을 가리고, 둘로는 발을 가리고, 나머지 둘로는 날고 있었다. 그리고 그들은 큰 소리로 노래를 부르며 화답하였다. "거룩하시다, 거룩하시다, 거룩하시다. 만군의 주님! 온 땅에 그의 영광이 가득하다"(사 6:1-3).

하나님의 영광에 압도당한 이사야는 자신이 "입술이 부정한" 사람이요 그래서 하나님의 일꾼으로 합당하지 못하다고 고백한다 (사 6:5). 그런데 한 스랍이 제단에서 타고 있는 숯을 가져와 이사야의 입술에 대자, 그의 죄가 사해진다. 이사야는 성화되고 거룩해졌으며, 그렇게 해서 자신에게 맡겨진 예언자 사명을 수행할 준비가 된다. **거룩하게 되는 것은 신성한 과업을 수행하라고 하나님께 강권적인 부르심을 받는 것이다.**

성령에 의해 구별됨

예언자 이사야의 과업은 이스라엘에게 그들이 하나님의 백성이 된 것은 하나님께서 그들을 거룩한 백성으로 선택하셨기 때문이라는 사실을 깨우치는 일이었다. 애초부터 하나님은 이스라엘을 여타 백성과는 다른 백성으로 부르셨다. 아브라함은 하나님 앞에서 흠 없이 살도록 부름받았다(창 17:1). 그가 흠 없이 살아야 하는 이유는 하나님의 소유로 구별되어 세워질 백성의 조상이 될 것이기 때문이었다. 구별된다는 것은 거룩함에 이르기 위해서 꼭 필요한 것이며, 나아가 피조물인 우리가 하나님의 거룩하심에 의해 어떻게 달라질 수 있는지를 세상의 나라에 보여주기 위해서 반드시 지녀야 할 거룩함의 형식이다.

이집트에서 탈출한 때부터 이스라엘의 구별됨과 거룩함은 밀접하게 결합하여 하나님과 그들의 이야기에서 중심 뼈대로 자리 잡았다. 시내산에서 하나님은 모세를 통해 야곱의 집에 이렇게 말씀하셨다.

> 너희는 내가 이집트 사람에게 한 일을 보았고, 또 어미 독수리가 그 날개로 새끼를 업어 나르듯이, 내가 너희를 인도하여 나에게로 데려온 것도 보았다. 이제 너희가 정말로 나의 말을 듣고, 내가 세워 준 언약을 지키면, 너희는 모든 민족 가운데서 나의 보물이 될 것이다. 온 세상이 다 나의 것이다. 그러므로 너희는 내가 선택한 백성이 되고, 너희의 나라는 나를 섬기는 제사장 나라가 되고, 너희는 거룩한 민족이 될 것이다. 너는 이 말을 이스라엘 자손에게 일러 주어라(출 19:4-6).

이스라엘은 율법을 받아 우상숭배를 피할 수단을 손에 쥐게 되었다. 하나님께서는 이스라엘에게 열정적이고 노골적인 애정을 표현하셨

거룩함

으며, 어떤 거짓 신과도 이스라엘을 나눠 갖기를 원하지 않으셨다. 이스라엘은 "제사장 나라"로 부름받았으며, 그들이 순종하면 하나님께서 죄 많은 백성을 통해 어떤 일을 행하실 수 있는지를 다른 나라들이 보게 될 것이었다. 이스라엘의 거룩함은 무엇보다도 하나님과의 관계와 그들을 향한 하나님의 계획과 밀접하게 얽혀 있었다.

그래서 이스라엘은 다른 나라의 관습을 멀리했는데, 그런 관습이 거룩하신 하나님에 대한 자신들의 증언을 더럽힐 수 있기 때문이었다. 이런 특성은 레위기에서 확실하게 드러난다. 하나님은 모세를 통해 이스라엘의 온 회중에게 이르기를 "너희의 하나님인 나 주가 거룩하니, 너희도 거룩해야 한다"라고 말씀하셨다(레 19:2). 하나님께서 이스라엘을 돌보시는 가운데 당신의 거룩하심을 분명하게 드러내셨듯이, 이스라엘도 하나님의 거룩하심을 본받아 나그네와 가난한 자와 고난당하는 자들을 돌봐야 한다(신 10:19).

특히 중요한 것은 하나님 이름의 거룩성이다. 하나님은 질투하는 하나님이시며 당신의 이름이 잘못 사용되는 것을 용납하지 않으신다. 그런데 에스겔에 의하면 이스라엘이 바로 그런 잘못을 저질렀다. 그들은 하나님께서 주신 땅을 버림으로써 하나님의 이름을 모독했다. 게다가 그곳은 다른 땅과는 달리 성스러운 땅이었다. 그러나 이스라엘이 하나님과의 약속을 배반했을지라도 하나님은 이스라엘을 홀로 내버려 두기를 원하지 않으셨다. 하나님은 당신의 거룩한 이름을 위해 이스라엘을 구원하셨다. 하나님은 온 세상에서 이스라엘을 불러내심으로써 당신의 이름을 거룩하게 하신다. 그래서 맑은 물이 뿌려진 이스라엘은 모든 우상숭배에서 정결케 되고 부드러운 마음을 얻게 된다(겔 36:20-32).

하나님의 백성이 하나님의 영광을 비추라고 받은 부르심은 구약성경뿐만 아니라 신약성경에서도 분명하게 드러난다.

> 그러므로 여러분은 마음을 단단히 먹고 정신을 차려서, 예수 그리스도께서 나타나실 때에 여러분이 받을 은혜를 끝까지 바라고 있으십시오. 순종하는 자녀로서 여러분은 전에 모르고 좇았던 욕망을 따라 살지 말고, 여러분을 불러 주신 그 거룩하신 분을 따라 모든 행실을 거룩하게 하십시오. 성경에 기록하기를 **"내가 거룩하니 너희도 거룩하여라"** 하였습니다(벧전 1:13-16).

베드로는 편지를 받는 사람들에게 악의와 기만과 위선과 시기와 비방하는 말을 버리라고 권한다. 이스라엘과 마찬가지로 그들도 전에는 백성이 아니었으나 이제는 "택하심을 받은 족속이요, 왕과 같은 제사장들이요, 거룩한 민족이요, 하나님의 소유가 된 백성"이다. 그들은 "어둠에서 불러내어 자기의 놀라운 빛 가운데로 인도하신 분의 업적을……선포"하도록 구별된 백성이다(벧전 2:9).

데살로니가 교회에 보낸 첫 번째 편지에서 바울도 하나님의 거룩하심과 우리가 그 거룩하심을 비추는 일의 관계에 대해 동일하게 말한다. 바울은 데살로니가 교인들에게 하나님을 기쁘게 해드리는 삶을 살라고 강하게 권하였다. 그렇게 사는 것이 곧 성화의 삶이며, 그리스도를 따르는 사람들은 자신의 몸을 어떻게 다스려야 하는지 알기에 간음을 범해서는 안 된다는 것이다. 이 말은 그리스도인이라면 자신의 정욕을 억눌러야 한다는 의미이라기보다는, 성령이 정해 놓은 목적에 맞춰 정욕을 질서 잡아야 한다는 뜻이다.

그리스도인이 될 때 어떤 변화가 일어나는지를 잘 보여주는 예로, 억울한 일을 당했다는 생각이 들더라도 복수하려고 하지 말라는 데살로니가 교인들을 향한 바울의 명령만 한 것이 없을 것이다. 이런 태도는 그리스도 안에서 하나 된 형제자매들의 관계에서 특히 중요하다. 복수는 하나님의 몫이다. 복수하지 않는 삶이 가능한 까닭은 "하나님께서 우리를 불러 주신 것은, 더러움에 빠져 살게 하시려는 것이 아니라, 거룩함에 이르게 하시려는 것"이기 때문이요, "이 경고를 저버리는 사람은, 사람을 저버리는 것이 아니라, 여러분에게 성령을 주시는 하나님을 저버리는 것"이기 때문이다(살전 4:7-8). **성령의 거룩함과 교회를 구성하는 사람들의 거룩함 사이에는 밀접한 상관관계가 있다.**

바울은 세례를 통하여 세워진 새 백성의 목적은 세상을 위해 예수께서 하셨고 지금도 계속하시는 일, 즉 하나님 사랑의 실재를 보여주는 것이라고 주장했다. 그들은 전에는 백성이 아니었으나, 이제 거룩한 백성이 되었다. 거룩한 백성이 되었다고 해서 교회에 죄가 없다는 의미는 아니다. 정말이지, 교회의 거룩성과 마찬가지로 교회를 구성하는 사람들의 거룩성은, 그들이 하나님께서 세례를 통해 지으신 참모습에 미치지 못할 때가 자주 있다는 사실을 인정하는 데 달렸다. 그러나 예수께서는 당신을 따르도록 부른 사람들에게 다른 데서는 생각조차 할 수 없는 공동체와 삶의 방식에 들어갈 수 있는 길을 성령을 통해 열어 주시고, 삼위일체의 삶에 참여할 수 있도록 해주셨다.

거룩한 백성을 세우는 일에서 성령이 어떤 역할을 하는지 이해하는 데 도움이 되는 또 다른 본문이 로마서 8장이다. 바울은 "그리스도 예수 안에서 생명을 누리게 하는 성령의 법"이 그들을 "죄와 죽음의 법에서" 해방하였다는 말로 서신을 시작한다(롬 8:2). 육신에 속한 생각은 죽음에 이르게 하지만, 그들은 성령을 통해 그런 포로 된 상태에서 해방되어 생명과 평화를 누리게 되었다(롬 8:6). 바울에 따르면 죽은 사람들 가운데서 예수를 살리신 분의 영이 우리 안에 거하면, 우리 안에 계신 성령을 통해 생명이 우리의 죽을 수밖에 없는 몸에 허락된다. 성령을 통해 우리는 하나님의 자녀이자 그리스도와 함께한 상속자가 되며, 우리가 그리스도와 함께 고난을 받으면 그와 함께 영광을 받게 된다(롬 8:11-17).

예수께서는 당신을 따르도록 부른 사람들에게
다른 데서는 생각조차 할 수 없는
공동체와 삶의 방식에 들어갈 수 있는 길을
성령을 통해 열어 주시고,
삼위일체의 삶에 참여할 수 있도록 해주셨다.

기도는 우리를 삼위일체의 생명 속으로 인도하는 아주 중요한 믿음
의 행위이다. 모든 피조물이 고통 가운데 탄식하면서 성령을 기다
리고 있다. 우리가 기도에 힘쓸 때에도 그와 같은 탄식이 솟구친다.
기도하려고 해도 어떻게 기도해야 하는지 모르기 때문에, 성령께서
"친히 이루 다 말할 수 없는 탄식으로, 우리를 대신하여 간구"하신
다(롬 8:26). 성령이 이렇게 탄식하는 것은 하나님의 뜻을 따라 성도
를 대신하여 간구하는 것이다. 바울이 이해한 **성령의 역할은 우리
의 기도가 하나님의 기도가 되게 하는 것인데, 이 말의 의미는 우
리뿐만 아니라 모든 피조물까지 실제로 하나님의 생명 속에 사로
잡히게 되는 것**이라고 세라 코클리는 주장한다.[10] 이렇게 "사로잡히
는" 것이 곧 거룩하게 되는 것이다.

요한복음에 나오는 예수의 고별 담화에서도 기도와 거룩함의 관계가 중요하게 다루어진다. 예수께서는 제자들에게 자신이 배신당해 죽게 될 것이라고 말씀하신다. 예수는 머지않아 제자들과 헤어지게 될 것이다. 하지만 제자들은 낙심하지 않아도 된다. 예수께서는 아버지께로 가시지만 보혜사를 보내 주시도록 기도할 것이며, 보혜사는 제자들과 영원히 함께할 것이기 때문이다. 보혜사는 "진리의 영"으로, 세상은 그를 알지 못하나 제자들은 그들 안에 성령을 모시고 있기에 그를 알아볼 수 있다(요 14:17). 보혜사인 성령이 제자들에게 깨우쳐 줄 진리는 예수께서 가르쳤던 것, 곧 예수께서 그들을 사랑하셨듯이 서로 사랑하라는 것이다(요 14:25-31).

예수께서 제자들에게 서로 사랑하라는 계명을 주셨다는 사실은 사랑이라는 것이, 예수께서 우리를 사랑하느냐 않느냐와 상관없이 우리가 소유하는 일반적인 기질이 아니라는 것을 뜻한다. 예수께서는 제자들에게 **자신이 그들을 사랑한 것처럼** 서로 사랑하라고 명령하셨다. 제자들을 향한 그분의 사랑은 십자가 위에서야 비로소 끝났다. 이 사랑은 죽음 앞에서라도 우리가 하나님을 사랑하고, 서로 사랑하는 일을 주저하거나 포기하지 않도록 힘을 주며, 그러하기에 기꺼이 죽음으로 나아가게 하는 사랑이다. 예수께서 제자들에게 서로 사랑하라는 계명을 주셨다는 사실은, 누군가를 사랑한다고 해서 손해 볼 일 없다는 전제 위에서 펼쳐지는 일체의 감상적인 사랑

타령에 이의를 제기한다. 우정은 성령의 사역이 펼쳐지는, 위험하지만 복된 자리가 된다.

그러므로 보혜사는 예수와 제자들 사이에서 거룩함의 표지인 우정을 다져 주는 중재자이다(요 15:12-17). 잘 알려져 있듯이 요한복음에서는 그리스도의 공동체를 중요하게 여기고, 그리스도의 이름으로 너와 내가 하나 된 공동체(교회)를 세우는 데 필요한 윤리를 강조한다. 예를 들어 예수께서는 마태복음에서 말한 원수를 사랑하라는 명령을 요한복음에서는 전혀 하지 않는다. 대신 예수는 그리스도인들이 세상을 사랑하는 방법은 교회 안에서 서로 사랑하는 것이요, 성령의 능력으로 이룬 새로운 삶의 방식을 세상에 보여주는 것이라고 가르치신다.

따라서 요한복음은 철저히 '공동체 내부의' 윤리를 보여준다. 이처럼 공동체에 시선을 집중하는 것을 보고 당황할 필요가 없다. 이런 특성이 교회 안의 사랑과 관련해서는 커다란 자극제가 된다. 우리는 기독교 공동체 안에서 부대끼면서 함께 일하고 기도해야 하는 사람들을 사랑하는 것보다는 가상의 이웃, 즉 멀리 있는 이웃을 사랑하는 것이 훨씬 쉽다는 사실을 안다. 진리의 영인 성령이 사람들을 맺어 주는 관계는 **진리에 근거한 우정**이며, 이런 이유로 교회는 그런 관계를 다른 방식으로는 상상도 할 수 없다는 사실을 보여준다. 그런 우정이 필요한 이유는 예수께서 말씀하셨듯이, 제자들도 하나님의 뜻대로 행한다고 자처하는 사람들에게 죽임을 당하게 될 때가 이를 것이기 때문이다. 제자들은 예수를 알지 못하는 세상에서 사는 법을 배워야 하듯이 보혜사가 베푸는 우정의 끈도 필요하다는 것을 곧 깨닫게 될 것이다(요 16:4-11).

요한복음의 다음 장에서 예수의 고별 담화를 좀 더 자세히 살펴볼 수 있다. 여기서 고별 담화가 눈길을 끄는 이유는 요란스럽게 경건함을 떠벌리는 위험에 빠지지 않고서도 거룩함에 관하여 생각할 길을 제시해 주기 때문이다. **성령을 힘입어 거룩하게 된다는 것은 폭력과 거짓으로 가득한 세상 안에서 우정을 나누게 해주는 진리의 공동체에 속한다는 것을 의미한다.** 우리가 폭력적이 되는 이유는 다른 사람들로 하여금 억지로 우리를 사랑하게 만들려고 몸부림치면서, 서로를 향해 내뱉는 거짓말 때문이다. 성화된다는 것은 진리를 말해 주는 친구들을 만나는 삶의 방식에 참여하는 것이다.

다시 한 번 말하지만 거룩함은 그리스도인이 된다는 것이 무엇을 의미하는지 이해하는 인기 있는 방법이 아니다. 우리는 "진리의 영"과 우정의 상호 관계를 주의 깊게 살펴서, 성령의 사역 한가운데서 드러나는 거룩함의 성격을 이해하는 길을 제시하려고 한다. 거룩하다는 것은 우리가 아는 그 누구보다 도덕적으로 더 우월해진다는 것을 뜻하지 않는다. 거룩하다는 것은 우리가 서로 잘 아는 사람들을 의지해, 함께 삶을 가꿔 가는 공동체의 일부가 된다는 것이다. 거룩하게 된다는 것은 맡겨진 책임을 다하며 다른 사람에게도 책임을 지우는 것이요, 또 그리스도께서 우리를 사랑하셨듯이 우리도 서로 사랑하고 사랑받는 것이다. 그 사랑 때문에 세상이 우리를 미워한다 해도, 그리스도는 분명 서로 사랑해야 한다고 말씀하셨을 것이다.

> 성령을 힘입어 거룩하게 된다는 것은
> 폭력과 거짓으로 가득한 세상 안에서
> 우정을 나누게 해주는
> 진리의 공동체에 속한다는 것을 의미한다.

에베소 교회에 보낸 편지에서 바울은 "도둑질하지 말고……나쁜 말은 입 밖에 내지 말고"(엡 4:28-29), 더러운 말과 어리석은 말과 상스러운 농담을 피하라고 가르친다(엡 4:17-32). 우리는 이 권고를 거룩하게 되거나, 적어도 도덕적으로 바르게 되기 위해서 지켜야 할 일의 목록쯤으로 생각하기 쉽다. 하지만 이런 생각은 거룩함을, 성취하기는 어려워도 열심히 추구해야 할 도덕 프로그램이나 이념 체계로 변질시켜 버린다. 그런 것들에 매달리다 보면, 거짓 가득한 세상에서 진리의 삶을 살 수 있도록 우정을 다져 주는 성령께 의지하는 것을 잊게 된다.

그리스도인이라면 당연히 나쁜 말이나 간음, 도둑질을 하지 않겠지만, 그런 행동을 금하는 이유는 그것이 사람들로 하여금 서로 신뢰하기 어렵게 만들어 공동체를 파괴하기 때문이다. 불신은 우정을 파괴한다. 거룩하다는 것은 도덕적인 완전을 의미하지 않는다. 거룩함이란 삼위일체 위격을 이어 주는 완전한 사랑에 우리가 참여할 수 있게 해주는 성령의 사역이다.

웨슬리가 사용한 완전이라는 용어는 만일 "완전"하다면 당신의 삶은 완결되고 확정된 것이라는 느낌을 주기가 쉽다. 그러나 이것은 웨슬리가 생각한 것이 아니다. 웨슬리에게 완전은 이 세상의 삶에서 결코 끝나지 않는 여행이었다. 완전은 사랑을 의지해 나아가는 여행이기에, 우리는 그 여정에서 지지해 줄 친구를 가능한 한 많이 필요로 한다. 로버트 데이비스 휴스 3세Robert Davis Hughes III 는 영성의 역사를 다룬 책에서 만일 온전히 성숙하고, 증오심 대신 사랑을 배우려 한다면, 우리 몸을 제어하는 훈련을 해야 한다고 주장한다. 그 이유에 대해 휴스는 몸이 악하기 때문이 아니라 — 몸이 자주 우리를 죄에 빠뜨리는 것이 사실이긴 하다 — 우리의 몸이 바로 우리 자신이기 때문이라고 말한다. 흙에 생기가 부어져 구체적인 형태를 띠게 된 삶이 우리의 참모습이다. 성령은 은총을 힘입은 믿음의 행위에서 나오는 미덕으로 우리 몸을 빚어 예수의 친구로 삼아 주신다.[11]

휴스는 웨슬리의 생각을 이어받아, 기독교의 관점에서 볼 때 **"미덕으로 자라나는 것을 수반하지 않는 영성, 특히 적극적인 이웃 사랑을 수반하지 않는 영성은 성령의 사역이 아니다"**라고 주장한다. 그리스도인의 삶은 혼자 힘만으로는 감당하기 어려운 여행이기에, 미덕은 길을 잃지 않도록 도와주는 필수적인 습성이다. 삼위일체의 위격이 서로 연결되어 있듯이 믿음, 소망, 사랑이라는 신학적인 미덕들도 하나로 얽혀 있다. 하나님은 신실한 분이기에 우리는 신뢰를 배운다. 또한 하나님을 예배하는 기쁨에서 솟구치는 겸손으로부터 소망이 생겨나고, 은혜로운 하나님의 한없는 현존에 의해 열망은 사랑으로 형태를 갖추게 된다.[12]

휴스에 따르면 기쁨은 성령으로 시작된 거룩한 삶의 확고한 표지이다. 기쁨은 행복과 구별되는데, 그 이유는 생명이 위협당하는 상황에서도 기쁨은 유지되기 때문이다. 휴스는 이 지점을 설명하면서, 진정한 순교자들이 자신을 핍박한 사람에게 죄책감을 갖게 하지 않는 것을 보면, 참된 기쁨이 그리스도인의 순교 미덕들과 잘 어울린다고 강조한다. 순교자들은 "고난 앞에서도 묵묵히 덕스러운 성품을 가꿔 나가기를 멈추지 않는다." 이러한 기쁨을 알기에 그리스도인은 흔들리지 않고 사랑의 계명을 지키며, 또 즐거운 마음으로 예수의 친구가 되어 그의 슬픔까지도 함께 나눈다. 결국에는 이 슬픔까지도 기쁨으로 바뀌게 될 것이다.[13]

성령의 가정

성령이 낳은 거룩함과 성령으로 충만한 기쁨은 상호 보완성을 지닌다. 바로 이러한 특성으로 인해 거룩함은 본식구core members 곁에 보조자들이 어울려 사는 라르슈 가정 L'Arche home 처럼 보인다. 그 가정의 본식구들은 정신적으로 다양한 장애를 가진 사람들이다. 우리 두 저자는 그런 가정에서 지낸 적이 있기 때문에 그곳을 가득 채운 기쁨에 대해 증언할 수 있다.

라르슈(국제 방주회)는 장 바니에 Jean Vanier 라는 특출한 사람이 설립하였다. 바니에는 제2차 세계대전 때 해군으로 자원하여 복무한 캐나다 사람이다. 전쟁이 끝난 후 방황하던 그에게 한 프랑스 사제가 각기 다른 장애를 가진 두 명의 노인을 돌봐 달라고 맡겼다. 라르슈의 이야기는 그렇게 시작되었다. 전 세계에 걸쳐 정신장애가 있는 사람들을 돌보는 가정으로 조직된 이 기구는 장애인들이 적절한 보살핌을 받을 수 있도록 힘쓴다. 그에 못지않게 중요한 일로서 장애인들도 다른 사람을 친구 삼고 또 다른 사람의 친구가 될 자격이 있다는 신념을 이루기 위해 일한다.

바니에는 『요한복음 묵상』 Drawn into the Mystery of Jesus through the Gospel of John 에서 14장에 나오는 위로자이신 보혜사의 파송에 대해 설명한다. 그는 보혜사가 "외로워서 친구가 필요한 사람들과 절망하고 마음이 가난하여 하나님께 부르짖는 사람들에게 오신다"고 말한다.[14] 그의 생각에 따르면 성령은 우리가 하나님의 일을 할 수 있도록 힘을 주는데, 그 힘은 다름 아닌 사랑이다. 다시 말해 성령은 우리에게 맡기신 일을 감당할 수 있도록 돕는 친구들을 보내 주셔서 하나님의 일을 하게 하신다.

바니에에 의하면 예수는 계명을 주시며, 우리가 그것을 지킬 때 보혜사가 오신다. 그런데 그 계명은 본질상 사랑의 계명이다. 우리는 서로 섬기고 교제해야 하며, 판단하거나 정죄하지 말고 언제나 기꺼이 용서할 수 있어야 한다. 우리는 서로 발을 씻겨 주어야 하는데, 바니에는 이것을 핵심 계명으로 보고 우리의 발을 본식구의 손에 맡겨 씻김받는 일이 얼마나 중요한지 자주 언급하였다. 이러한 실천과 모든 계명의 목적은 성령께서 교회와 모든 교인들 속에 살아 일하실 수 있도록, 기쁨으로 영접하는 백성으로 우리를 일으켜 세우는 데 있다.[15]

성령은 우리가 하나님의 일을 할 수 있도록
힘을 주는데, 그 힘은 다름 아닌 사랑이다.

스탠리는 라르슈에서 살아 움직이는 거룩함에 대하여 이렇게 증언한다.

프랑스에 있는 장 바니에와 친구들의 공동체를 방문했을 때 나는 라르슈에서 이루어지는 성령의 역사를 목격했다. 그날은 어느 주일로, 내가 본 현장에는 거룩함이 가득했다. 헛간을 개조하여 만들어진 '교회'에서 늦은 오후에 미사가 있었다. 회중은 느리게 모여들었으며, 그 중에 많은 사람들이 휠체어를 타고 있었다. 본식구들이 다른 본식구를 거들어서 수수한 장의자에 자리 잡도록 했다. 미사는 본식구들이 나서서 초에 불을 붙이고 십자가와 성경을 운반하는 일로 시작되었다. 한 젊은 여성이 제단 둘레를 돌며 춤을 추었다. 사제는 여느 사제들처럼 일을 수행했으나, 그의 태도에는 지금 주위에서 일어나는 일을 크게 기뻐하는 마음이 담겨 있었다.

이윽고 미사가 시작되려고 할 때 장 바니에가 나이 든 여성을 휠체어에 태우고 들어왔다. 그는 앞쪽 장의자 끝머리에 휠체어를 세우고 그 여자 곁에 앉았다. 여자는 바니에의 어깨에 머리를 기댄 채 그리스도의 몸과 피를 나누는 순서가 될 때까지 꼼짝 않고 앉아 있었다. 지금까지 나는 그보다 더 온유한 몸짓을 본 적이 없다. 성령께서 말씀과 성례전을 통해 그리스도를 현존하게 하는 시간 내내 여자와 장은 서로에게 현존하였다. 그 순간 내가 본 것은 분명 천국과 성도의 교제였다. 성령은 가장 분명한 모습으로 몸 위로 내려와 머물렀다.

바니에는 예수의 몸이 하나님께서 거하시는 자리이며, 예수께서 곧 새 성전이라고 말한다. 그러나 예수와 아버지께서 오셔서 우리 안에 거하시면 우리도 하나님의 성전, 곧 하나님께서 사시는 자리가 **된다. 우리는 믿는 자들의 모임인 교회로서뿐만 아니라 각 개인으로도 성령의 거처가 된다.** 이것이 바로 바울이 고린도 교인들에게

거룩함

"여러분의 몸은 여러분 안에 계신 성령의 성전이라는 것을 알지 못합니까?"라고 물었던 이유이다(고전 6:19).

예수께서는 제자들을 떠나기 전에 세상이 주는 평화와는 다른 평화를 주노라고 말씀하신다. 세상은 반쪽 진리와 무력행사와 억압을 통해 평화를 이루고자 애쓰지만, 성령이 부어 주는 평화는 무력으로 쟁취하여 많은 사람들에게 "평화"라고 불리는 거짓 질서와는 다르다. 그리스도의 평화는 성령의 사역을 통해 이루어지는데, 성령은 늘 우리가 예수를 바라보면서 폭력을 거부할 수 있도록 힘을 준다. 그리고 폭력을 거부하는 가운데 우정이 싹트게 한다.

전에 어떤 목회자가 백인만으로 이루어진 교회와 그 교회에서 1,600미터밖에 떨어지지 않은 흑인들의 교회에 동시에 파송되었다. 감독은 그에게 두 교회를 통합하는 과제를 맡겼다. "저는 두려움에 숨이 막혔습니다. 그처럼 거룩하고 힘겨운 일은 성령께서 계속해서 기적으로 개입하지 않는다면 실패할 수밖에 없다는 사실을 잘 알고 있었기 때문입니다." 그 목사는 날마다 아침저녁으로 성령께서 힘 주시고 인도하시기를 간구했다. 그는 교인들에게 중대한 고비마다 결정을 내리고 새 일을 시작하기에 앞서, "성령이시여, 우리가 하나의 교회가 되기를 원하신다면 주님께서 우리와 함께 걸으셔야 합니다"라는 기도를 하라고 가르쳤다. 3주가 지난 후, 성령께서는 그곳에 여러 인종이 진정 하나 되어 이루어진 참 보기 드문 교회를 허락하셨다.

4. 마지막 일 종말론적 백성의 삶

◆ ◆ ◆ ◆ ◆

기독교는 역사적 실체다. 기독교가 역사적 실체라는 말은 교회가 역사를 지닌다는 사실뿐만 아니라 우리 하나님께서 실제로 역사 속에 나타나셨다는 것을 뜻한다. 감사하게도 하나님께서는 인간 역사의 과정을 인간의 손에만 맡겨 두지 않으셨다. 성령이 몸 위에 거하여 공간을 차지하듯이, 성령은 삼위일체를 시간 속에 드러내 보여주는 전형적이고 지속적인 통로이기도 하다. 하나님을 알고자 할 때 우리는 어떤 고립되고 영적인 이상향으로 날아오를 필요가 없다. 하나님은 성령 안에서 오셔서 바로 지금 여기에서 우리를 만나신다. 하나님은 어떤 초월적인 관념이 아니라 흐르는 시간 속에서 증인들을 통해 알려지시는 분이다. 우리는 이 증인들이 성령의 역사에 의해 부름받고 증언하게 되었다고 믿는다. 좀 더 분명하게 말해 우리는 성령을 통하여 하나님의 아들 예수 그리스도를 매개 삼아 하나님의 참생명 속으로 이끌려 들어간다고 믿는다. 이 실재에 붙여진 이름이

하나님 나라로, 우리는 이 하나님 나라가 교회 안에서 예시된다고 믿는다.

장차 이를 세상의 삶

그리스도인은 종말론적인 백성이다. **종말론**은 우리가 시간에 속한 백성이요, 이 시간 속에서 그리스도를 통해 마지막 때를 본 사람들이라는 의미이다. 종말론은 '마지막 일'을 다루는 기독교 교리이다. 그리스도인들에게 종말은 늘 시작 속에 존재해 왔다. 우리는 하나님을 텔로스,[telos] 즉 최종 목적이자 끝(최후 목적지)으로 삼는 피조물로 지음받았다. 따라서 종말론적 백성인 우리의 시간은 이 세상의 시간과는 다른데, 그것은 바로 하나님께서 우리에게 시간을 허락하셨기 때문이다. 성령은 그리스도께서 시작한 나라를 이끄는 힘이며, 그런 까닭에 우리의 시간은 성령으로 인해 열린다. 바로 이러한 이유에서 기독교의 새해를 강림절[Advent]이라고 부른다. 강림절은 하나님께서 우리에게 오셔서 함께하는 역사를 여는 시간이다.

그래서 우리는 살고 있는 시간, 곧 **역사**라고 부르는 시간이 무의미한 것이라고 생각하지 않는다. 인생은 무의미하고 헛되이 반복되며 뜻밖의 행운에 좌우되는 것이 아니다. 우리는 하나님의 영광을 위해 지음받았으며, 우리가 예배하는 곳에서 하나님의 영광이 드러난다. 우리의 최종 목적은 영원히 하나님을 예배하는 것이다. 주일

아침에 예배를 드릴 때마다 우리는 하나님께서 창조 세계를 돌보시고, 모든 사람을 구원하시는 이야기 속에 참여하게 된다. 이 구원은 하나님께서 예수 그리스도를 통하여 이스라엘을 당신의 백성으로 부르시고, 이방인을 이스라엘에 접붙이셔서 이루신 일이다. 이 모든 것이 뜻하는 바는 **성령을 통해 우리는 이 세대에 속한 시민권을 버리고 새 시대의 시민이 된다**는 것이다.

우리는 하나님을 텔로스, 즉 최종 목적이자
끝으로 삼는 피조물로 지음받았다.
우리의 최종 목적은
영원히 하나님을 예배하는 것이다.

그러므로 니케아 신조가 "죄를 용서하는 하나의 세례"에 대한 고백과 "죽은 자의 부활" 그리고 "장차 이를 세상의 삶"을 소망하는 고백으로 끝나는 것은 우연이 아니다. 이 고백은 현대를 살아가는 그리스도인이 삶의 필수적인 요소로 삼도록 성령께서 가르쳐 주신 것이다. 세례받을 때 성령이 몸에 임한 까닭에 우리는 이미 장차 이를 삶에 참여하고 있다. 세례를 통해 우리는 이 세상에 대안으로 세워진 새 공동체의 시민이 된다. 영원한 삶, 곧 하나님과 함께하는 삶은 삶이 끝날 때까지 미뤄지지 않는다.

죽음에서 발견하는 소망

지금까지 성령에 관해 논하면서 종말론을 다루는 중요한 본문인 로마서 8장에서 바울이 성령에 대해 설명하는 것을 살펴보았다. 바울은 죽음이 위협을 가해 오지만 그리스도를 통해 죽음이 격퇴되었다고 주장한다. "예수를 죽은 사람들 가운데서 살리신 분의 영이 여러분 안에 살아 계시면, 그리스도를 죽은 사람들 가운데서 살리신 분께서, 여러분 안에 계신 자기의 영으로 여러분의 죽을 몸도 살리실 것입니다"(롬 8:11). 그래서 로마서 8장은 "죽음도, 삶도, 천사들도, 권세자들도, 현재 일도, 장래 일도, 능력도, 높음도, 깊음도, 그 밖에 어떤 피조물도, 우리를 우리 주 예수 그리스도 안에 있는 하나님의 사랑에서 끊을 수 없습니다"라고 선언하는 바울의 확신으로 끝난다(롬 8:38-39).

죽음이 격퇴되었다고 말하는 바울의 확신은 세례 예전을 행하면서 다음과 같이 기도하는 데서도 볼 수 있다. "우리에게 이 세례의 물을 허락하신 주님께 감사드립니다. 우리는 그리스도를 따라 이 물 안에서 그분의 죽음에 잠깁니다. 이 물을 통해 우리는 그리스도의 부활에 참여합니다. 이 물을 통해 우리는 성령으로 다시 태어납니다. 그러므로 이제 우리가 기쁨으로 당신의 아들께 순종하면서, 믿음으로 그분께 나오는 사람들을 그분과의 교제로 인도하여, 아버지와 아들과 성령의 이름으로 세례를 베풉니다."[1] 이 기도는 죽음의 현실을 감추려고 의도된 경건한 언어가 아니다. 그와는 달리 그리스도께서 죽음에 맞서 거둔 승리에 우리도 동참하게 해주는 분이신 성령에 관해, 우리가 말할 수 있는 가장 현실적인 언어이다.

우리가 죽음에서 발견하는 마지막이자 가장 좋은 소망은 살아서 품는 소망과 동일하다. 그것은 끈질기게 우리를 찾으시며, 그리스도의 사역을 통해 구원하시고, 우리를 이끌어 그의 십자가와 부활에 참여하게 하시는 하나님께서 죽음 가운데서도 계속해서 우리를 찾으시고 구원하시며, 가까이 불러 주실 것이라고 믿는 소망이다.

스탠리가 출석하는 교회는 세례를 베풀 때 커다란 십자가 모양의 세례용 욕조를 사용해서 몸을 물에 잠기게 한다. 세례받을 때 물속에 잠기는 것은 숨을 쉬지 못한다는 점에서 죽음을 상징한다. 바울이 세례를 설명할 때 사용한 주된 이미지는 죽음이다(롬 6:3-4). 세례받을 때 우리는 다시 태어나고 새로 창조되며 은사를 받지만, 거기에는 반드시 우리의 악한 자아가 죽는 일이 벌어진다. 그 결과 하나님께서 원하시는 삶으로 변화되는 일이 따라온다. 그리스도인의 삶을 시작할 때는 얻는 것도 많지만 잃는 것도 있으며, 그렇게 잃어버리는 일(회개)에는 고통이 따른다. 하나님께서 베푸시는 구원 사역 안에서 죽고 다시 사는 일은 신비이며, 그 신비를 온전히 보여주는 것이 세례이다.

스탠리의 교회에서는 성령의 인도를 따라, 교인이 죽으면 장례식 전날 시신을 교회로 옮겨 세례용 욕조 위에 관을 두기로 결정했다. 이렇게 해서 교인들은 장례식 전날의 밤낮을 고인과 함께 지내게 된다. 이러한 예전을 통해 교인들은 죽음이 우리를 무너뜨리지 못했다는 확신을 구체적으로 표현하게 된다. 하나님께서는 세례의 물을 통해 우리를 그리스도 안에 있는 생명으로 인도하셨던 것처럼, 죽음의 물을 통해서도 우리를 인도하실 것이다. 성령을 통하여 우리는 하나님의 마지막 시간에 참여하는 자가 된다.

이 예전 행위는 공동체가 장차 이를 세상을 예견하며 사는 법을 배운다는 것이 무엇을 뜻하는지를 보여주는 상징이다. 존 웨슬리는 "우리 쪽 사람들은 멋지게 죽는다"라고 자랑하곤 했다. 그리스도 안에서 세례를 받는 일은 우리가 맞게 될 죽음에 대한 최종 리허설이다. 성령을 통하여 새로운 세계가 현존하게 되었으며, 그렇기에 옛 시대가 계속되는 중에도 우리는 새 시대의 백성으로 산다는 것을 믿는다. 교회는 세례를 베풀어 하나님께서 택하신 이들을 하나님의 가족으로 받아들인다. 교회가 갓 세례받은 사람들을 **그리스도인**이라고 부를 때 우리는 하나님께서 모든 사람들에게 원하시는 것이 무엇이며, 시간이 종말을 맞을 때 하나님께서 온전히 이루실 일이 무엇인지를 미리 맛보고 다시 확신하게 된다. 우리는 두 시대를 사는 사람들이다. 우리는 죄를 용서받은 백성이 되었으며, 성령께서 우리를 이끄셔서 더 이상 죄가 지배하지 못하는 새 시대의 가족으로 만든다는 사실을 믿는다. 그래서 더 이상 죽음에 휘둘리거나 숨

막히는 죽음의 공포에 억눌리지 않는다. 우리는 숨을 쉴 수 있다.

> 우리가 죽음에서 발견하는
> 마지막이자 가장 좋은 소망은
> 살아서 품는 소망과 동일하다.
> 그것은 하나님께서 죽음 가운데서도
> 계속해서 우리를 찾으시고 구원하시며,
> 가까이 불러 주실 것이라고 믿는 소망이다.

기독교의 종말에 대한 인식 때문에 우리는 이 세상과 긴장 관계에 놓이게 된다. 우리가 살고 있는 이 세상은 지나칠 정도로 죽음을 부정하는 사고에 좌우된다. 그리스도인은 성령의 인도를 받아 죽음 앞에서 어떻게 정직해야 하는지, 그리고 죽음 안에서 서로를 어떻게 대해야 하는지를 아는 사람들이다. 종말론은 우리가 어떤 식으로든 현실에서의 삶을 초월해 살 수 있으며, 혼자 힘만으로도 자신의 삶을 확보할 수 있다는 환상에 기초한 모든 정치에 맞서 이의를 제기한다. 누군가 안전하게 살기 위해서는 다른 사람이 죽어야 하는 곳이 우리가 사는 세상이라는 가정에 맞서 싸우는 사람들을 가리켜 **교회**라는 이름으로 부른다.

세상이란, 인생을 자신의 소유인 양 여기면서 현재 시간을 통제할 수 있고, 국가와 군사력과 여타 인간의 수단으로 자신의 안전을 확보할 수 있다고 착각하며 살거나 그리스도가 시간의 끝이라는 사실을 인정하길 거부하는 모든 사람들을 가리키는 이름이다. **교회**란 죽음의 정치가 삶을 좌우하려 할 때 단호히 거부할 줄 아는 백성으로 사는 법을 가르치는 급진적이고 정치적인 대안 공동체를 가리키는 이름이다. 우리 그리스도인은 비폭력적 인내와 용기 같은 품성을 지니고 살고자 애쓰는데, 이런 품성은 만일 하나님께서 아버지와 아들과 성령이 아니라면 이 세상의 눈으로는 말도 안 되는 것으로 보이게 된다. 우리가 원하는 삶은 사회학, 인류학, 경제학, 성, 인종과 같은 세상의 잣대로는 설명이 불가능한 것이요, 오로지 "오소서, 성령이시여"라고 기도하면서 그 응답으로 사는 백성이 되는 것이다.

오래전에 우리 두 사람은 힘을 모아『하나님의 나그네 된 백성』을 저술하였다. 그때 우리는 하나님께서 뭔가 잘못되어 있는 세상에 교회라는 독특한 답을 주셨다는 사실을 깨달아야 한다고, 죽어 가는 교회를 향해 외쳤다. 우리는 교회에게 세상이 사람들을 조직하는 방식에 맞서 대안을 제시하는 반문화적 실체가 되라고 요청했다. 그리스도인들이 힘을 모아 이 세상의 책략과 기만적인 경제, 근대 국민 국가를 떠받치는 거짓에 당당히 맞설 것을 요구하였다. 또한 교회의 본질을 회복할 수 있는 대안을 제시하고, 교회의 옛 실천과 자기 이해를 되살릴 것을 주장했다. 나아가 냉혹한 현실 속에서 하나님께서 주신 "하늘나라의 식민지"(빌 3:20-21)라는 비전을 성취한 모범적인 교회들을 사례로 제시하기도 했다. 하지만 되돌아보니 한 가지를 좀 더 강조했으면 좋았겠다는 생각이 든다. 그리스도인들이 담대하게 증인으로 일어서고, 세상의 경쟁적인 사랑 대신 그리스도의 사랑으로 날마다 결의를 다지며, 죽음의 전쟁에 휩쓸린 세상에서 비폭력적으로 증언하고, 활기 넘치는 참된 예배를 드리는, 이런 모습의 교회가 가능할까? 담대하게 일어나 "오소서, 성령이시여!"라고 기도하는 사람들이라면 가능하다.

니케아 신조 ────────────

우리는 한분이신 하나님을 믿습니다.

그는 아버지이며 전능자이시고

보이는 것과 보이지 않는 모든 것,

하늘과 땅을 창조하신 분이십니다.

우리는 한분이신 주님, 예수 그리스도를 믿습니다.

그는 하나님의 독생자이시며

영원히 아버지에게서 나셨고

하나님에게서 나신 하나님이시요

빛에서 나신 빛이며

참 하나님에게서 나신 참 하나님이시며

지음받지 않고 나신 분이고

아버지와 동일 본질을 지니신 분이요

그를 통해서 세상 만물이 지음받았습니다.

그는 우리와 우리의 구원을 위해

하늘로부터 오셔서

성령을 통해 처녀 마리아에게서 몸을 입으시고

온전한 인간이 되셨습니다.

The Nicene Creed

We believe in one God,

    the Father, the Almighty,

    maker of heaven and earth,

    of all that is, seen and unseen.

We believe in one Lord, Jesus Christ,

    the only Son of God,

    eternally begotten of the Father,

    God from God, Light from Light,

    true God from true God,

    begotten, not made,

    of one Being with the Father;

    through him all things were made.

    For us and for our salvation,

        he came down from heaven,

        was incarnate of the Holy Sprit and the Virgin Mary

        and became truly human.

우리를 위해 본디오 빌라도에 의해 십자가에 달려

죽으시고 묻히셨다가,

성경에 기록된 대로

사흘 만에 다시 사시고 하늘로 올라가

아버지의 오른편에 앉으셨습니다.

그는 장차 영광 가운데 다시 오시고

산 자와 죽은 자들을 심판하시며

그의 나라는 영원토록 이어질 것입니다.

우리는 성령을 믿습니다.

그는 주님이시며 생명의 수여자이시고

아버지와 또 아들로부터 나오시고

아버지와 아들과 함께 예배와 영광을 받으시며

예언자들을 통해 말씀하셨습니다.

우리는 하나의 거룩하고 보편적이며 사도적인 교회를 믿으며

죄를 용서하는 하나의 세례를 믿습니다.

우리는 죽은 자의 부활과

장차 이를 세상의 삶을 기다립니다. 아멘.

For our sake he was crucified under Pontius Pilate;

he suffered death and was buried.

On the third day he rose again

in accordance with the Scriptures;

he ascended into heaven

and is seated at the right hand of the Father.

He will come again in glory

to judge the living and the dead,

and his kingdom will have no end.

We believe in the Holy Spirit, the Lord, the giver of life,

who proceeds from the Father and the Son,

who with the Father and the Son

is worshiped and glorified,

who has spoken through the prophets.

We believe in the one holy catholic and apostolic church.

We acknowledge baptism

for the forgiveness of sins.

We look for the resurrection of the dead,

and the life of the world to come. Amen.

사도신경

나는 전능하신 아버지 하나님, 천지의 창조주를 믿습니다.

나는 그의 유일하신 아들, 우리 주 예수 그리스도를 믿습니다.

그는 성령으로 잉태되어 동정녀 마리아에게서 나시고,

본디오 빌라도에게 고난을 받아

십자가에 못 박혀 죽으시고,

장사된 지 사흘 만에 죽은 자 가운데서 다시 살아나셨으며,

하늘에 오르시어 전능하신 아버지 하나님 우편에 앉아 계시다가,

거기로부터 살아 있는 자와 죽은 자를 심판하러 오십니다.

나는 성령을 믿으며,

거룩한 공교회와 성도의 교제와

죄를 용서받는 것과

몸의 부활과

영생을 믿습니다. 아멘.

The Apostles' Creed

I believe in God, the Father Almighty,
    creator of heaven and earth.

I believe in Jesus Christ, his only Son, our Lord,
    who was conceived by the Holy Spirit,
    born of the Virgin Mary,
    suffered under Pontius Pilate,
    was crucified, died, and was buried;
    he descended to the dead.
    On the third day he rose again;
    he ascended into heaven,
    is seated at the right hand of the Father,
    and will come again to judge the living and the dead.

I believe in the Holy Spirit,
    the holy catholic church,
    the communion of saints,
    the forgiveness of sins,
    the resurrection of the body
    and the life everlasting. Amen.

주

서문

1. Stanley Hauerwas and William Willimon, *Resident Aliens: Life in the Christian Colony*, 개정판(Nashville: Abingdon, 2014). (『하나님의 나그네 된 백성』복 있는 사람)

1. 삼위일체: 성령에 대한 바른 사고

1. Belief Matters 시리즈에 포함된 Jason Byassee의 책, *Trinity: The God We Don't Know*(Nashville: Abingdon, 2015)를 보라.

2. H. E. W. Turner, *The Pattern of Christian Truth*(London: Mowbray, 1954), 35.

3. 이 질문 형식은 Eugene Rogers가 제안한 것으로 그가 지은 다음의 책에서 볼 수 있다. *After the Spirit: A Constructive Pneumatology from Resources outside the Modern West*(Grand Rapids: Eerdmans, 2005), 19.

4. Robert W. Jenson, *Systematic Theology, vol. 1, The Triune God* (New York: Oxford, 1997), 36.

5. Rogers, *After the Spirit*, 14.

6. 같은 책, 7.

7. 같은 책, 56.

8. 같은 책, 174.

9. Sarah Coakley, *God, Sexuality, and the Self: An Essay "On the Trinity"* (Cambridge: Cambridge University Press, 2013), 101.

10. 같은 책, 112-113.

11. 『공동기도서』(*The Book of Common Prayer*)에서 "성찬례: 제1예식"(New York: Church Publishing Incorporated, 2007), 334.

12. Karl Rahner, *The Trinity* (London: Continuum, 2001).

13. John D. Zizioulas, *Being as Communion: Studies in Personhood and the Church* (New York: St. Vladmir's Seminary, 1997), 17.

14. 같은 책, 110-111.

15. 『연합 감리 교회 찬송가』(*The United Methodist Hymnal*)에서 "세례 언약 I" (Nashville: The United Methodist Publishing House, 1989), 36. Abingdon 출판사의

허락을 받아 인용함.

16. 『연합 감리 교회 찬송가』에서 "말씀과 성찬 예식 I"(Nashville: The United Methodist Publishing House, 1989), 6.

17. 『공동기도서』(New York: Church Publishing Incorporated, 2007), 363.

18. Augustinus, *Homilies on the First Epistle of John*, Boniface Ramsey 번역(New York: New City, 2008), 108.

2. 오순절: 교회의 탄생

1. Nicholas Lash, *Believing Three Ways in One God: A Reading of the Apostles' Creed*(South Bend, IN: University of Notre Dame Press, 1993), 87.

2. Claude Welch, *The Reality of the Church*(New York: Scribner's Sons, 1998), 223.

3. 같은 책, 같은 곳.

4. 이 이야기에 나오는 사람들의 이름은 가명으로 표시했다.

5. Belief Matters 시리즈에 포함된 William H. Willimon의 책, *Incarnation: The Surprising Overlap of Heaven and Earth*(Nashville: Abingdon, 2013)를 보라.

6. Stephen Pickard, *Seeking the Church: An Introduction to Ecclesiology*(London: SCM Press, 2012), 59-60.

7. 같은 책, 63.

8. 같은 책, 62.

9. 같은 책, 224.

10. 같은 책, 216.

11. Rowan Williams, *Tokens of Trust: An Introduction to Christian Belief*(Louisville: Westminster John Knox, 2007), 105. (『신뢰하는 삶』 비아)

12. Nicholas Lash, *Believing Three Ways in One God*, 85.

13. 교회를 세우는 성령의 사역을 보여주는 이런 성경 인용문들은 Claude Welch의 글에서 빌려 왔다. 그의 책 *The Reality of the Church*, 218쪽을 보라.

14. 같은 책, 214.

15. James F. Kay, *Preaching and Theology*(St. Louis, MO: Chalice, 2007), 132.

16. C. Kavin Rowe, *World Upside Down: Reading Acts in the Graeco-Roman Age*(Oxford: Oxford University Press, 2009), 120.

17. Claude Welch, *The Reality of the Church*, 240.

18. Rowan Williams, *Tokens of Trust*, 128.

19. 같은 책, 129.

20. Claude Welch, *The Reality of the Church*, 126.

3. 거룩함: 성령 안의 삶

1. Charles Wesley, "Love Divine, All Loves Excelling", *The United Methodist Hymnal*(Nashville: The United Methodist Publishing House, 1989), 384. 새찬송가 15장 4절을 다시 옮겼다.

2. John Wesley, "Christian Perfection", *John Wesley*, Albert Outler 편집(New York: Oxford University Press, 1980), 253.

3. John Wesley, "Thoughts on Christian Perfection", Q 25, *Doctrinal and Controversial Treatises II*, Paul Wesley Chilcote and Kenneth J. Collins 편집, vol. 13 of *The Bicentennial Edition of the Works of John Wesley*(Nashville: Abingdon, 2013), 73.

4. Wesley, "Christian Perfection", Outler 편집, *John Wesley*, 293.

5. Wesley, "The Fullness of Faith", Outler 편집, *John Wesley*, 274.

6. 같은 책, 275.

7. Rowan Williams, "Introduction", *Love's Redeeming Work: The Anglican Quest for Holiness*, Geoffrey Rowell, Kenneth Stevenson, and Rowan Williams 편집(Oxford: Oxford University Press, 2001), xxiv.

8. 같은 책, xxi.

9. 같은 책, xxv.

10. Sarah Coakley, *God, Sexuality, and the Self: An Essay "On the Trinity"*(Cambridge: Cambridge University Press, 2013), 111.

11. Robert Davis Hughes III, *Beloved Dust: Tides of the Spirit in the Christian Life*(New York: Continuum, 2011), 126-127.

12. 같은 책, 131-149.

13. 같은 책, 같은 곳.

14. Jean Vanier, *Drawn into the Mystery of Jesus through the Gospel of John*(New York: Paulist, 2004), 260. (『요한복음 묵상』 겨자씨)

15. 같은 책, 262-263.

4. 마지막 일: 종말론적 백성의 삶

1. 『공동기도서』에서 "세례식"(New York: Church Publishing Incorporated, 2007), 306-307.

찾아보기